AF366070

PETITE

BIBLIOTHÉQUE

UTILE ET AMUSANTE.

V

T. 3843.

(C.)

46093

PETITE

BIBLIOTHÉQUE

UTILE ET AMUSANTE.

Les contrefacteurs seront poursuivis selon toute la rigueur de la loi.

Extrait du Code pénal.

Art. 425. Toute édition d'écrits, de composition musicale, de dessin, de peinture ou de toute autre production, imprimée ou gravée EN ENTIER OU EN PARTIE, au mépris des lois et réglemens relatifs à la propriété des auteurs, est une contrefaçon, et toute contrefaçon est un délit.

Art. 427. La peine contre le contrefacteur, ou contre l'introducteur, sera une amende de cent francs au moins et de deux mille francs au plus; et contre le débitant, une amende de vingt-cinq francs au moins et de cinq cents francs au plus.

La confiscation de l'édition contrefaite sera prononcée tant contre le contrefacteur que contre l'introducteur et le débitant.

Les planches, moules ou matrices des objets contrefaits seront aussi confisqués.

PARIS. — IMPRIMERIE DE FAIN,
Rue Racine, n. 4, Place de l'Odéon.

BRÉVIAIRE
DU GASTRONOME,

OU

L'ART D'ORDONNER LE DÎNER DE CHAQUE JOUR,
SUIVANT LES DIVERSES SAISONS DE L'ANNÉE.

POUR LA PETITE ET LA GRANDE PROPRIÉTÉ.

PRÉCÉDÉ

D'UNE HISTOIRE DE LA CUISINE FRANÇAISE,
ANCIENNE ET MODERNE.

PAR ALEXANDRE MARTIN.

DEUXIÈME ÉDITION,

Augmentée de plusieurs menus nouveaux.

PARIS.

AUDOT, LIBRAIRE-ÉDITEUR,
RUE DES MAÇONS-SORBONNE, N°. 11.

1828.

Nous nous proposions de coudre une préface à la seconde édition de notre *Bréviaire du Gastronome*, dont le succès a surpassé nos espérances, lorsque nous avons reçu la lettre suivante de l'un de nos amis, habitant cette ville qui donna naissance à Vaugelas et à Brillat-Savarin, l'un juré peseur de diphthongues, qui révéla tous les secrets de la grammaire; l'autre, gourmand classique, à qui nul des mystères de la cuisine ne fut caché : cette lettre pourra tenir lieu d'avant-propos, d'introduction, de tout ce qu'on voudra.

Bourg, le 26 mars 1828.

Mon cher ami,

Recevez mes sincères félicitations : vous avez composé un livre admirable. Pendant que la politique dérange toutes nos têtes, que nos femmes discutent le budget, que nos enfans dissertent sur les élections, vous, vous parlez gourmandise, langue universelle, que tout le génie de Leibnitz ne put deviner. Vous ne courez risque ni d'ennuyer, ni de n'être pas compris.

Votre histoire de la cuisine en France annonce une grande érudition de fourneaux. Je suis fâché seulement que vous n'y ayez pas traité une grave question gourmande, bien digne de vos méditations.

. Vous savez, mon cher ami, que l'Académie de Berlin proposa, en 17.., de rechercher *les causes de l'universalité de la langue française*. Rivarol fut couronné. Il attribua en partie ces causes à notre théâtre : je crois qu'il se trompait. C'est évidemment à notre cuisine, à cette *gueuse,* à qui le celte, l'hébreu, le grec, le latin, etc., ont daigné faire tant de fois l'aumône, qu'elle doit d'avoir fait le tour de l'Europe.

Je suis vieux, et j'ai passé ma jeunesse à voyager : je puis dire, comme Ulysse, *que j'ai vu les mœurs de tous les hommes* ; or je dois vous affirmer que je n'ai pas vu de petite cour d'Allemagne sans un cuisinier ou un rôtisseur français. Nous n'aimons guères, nous autres, à étudier les langues étrangères : aucun de ces rôtisseurs et cuisiniers ne savait un mot d'allemand, tandis qu'il n'était pas une altesse bavaroise, saxonne, wurtembergeoise, etc., etc., qui n'apprit la langue française, et certes ce n'était pas pour admirer Racine ou Voltaire que ces petits souverains passaient les nuits à étudier notre syntaxe, mais pour pouvoir discuter les menus de leurs diners avec leurs chefs d'office. Vous savez combien on est singe dans les petites comme dans les grandes cours, il advint donc que chaque courtisan se fit gloire de baragouiner la langue qu'écorchait son noble maître. Voilà la cause la plus puissante des conquêtes de notre idiome; nos cuisiniers en ont été les instrumens et les hérauts.

Lorsqu'en 1815, la France se vit délivrée de cette nuée d'ennemis qui avait fondu sur elle, ce ne fut pas le théâtre de Molière ou de Corneille que leurs généraux emportèrent avec eux, mais des cuisiniers. Vous avez eu raison de vanter le patriotisme de quelques-uns de ces derniers; mais tous, je vous l'affirme, ne ressemblaient pas à ce M. Carème, dont vous faites un si bel éloge. J'en connais deux que l'hetmann Platoff vola à notre préfet, et qui ne crièrent point au voleur en nous quittant.

Je ne vous dissimulerai pas qu'un membre libre de notre *académie gastronomique*, à qui je prêtai votre *Bréviaire*, m'a fait, sur ce livre,

1.

4

une légère critique. Il prétend que vos *menus* ne sont ni assez nombreux, ni assez fournis [1]. De grâce, réparez cette grave omission dans une de vos prochaines éditions.

Adieu, mon cher ami, que le ciel vous tienne en joie et vous accorde la continuation d'un constant appétit, que votre estomac fonctionne toujours de même, et puissiez-vous toujours *officier* avec le même bonheur et la même sécurité.

Votre vieil ami,

L.

P. S. Comment avez-vous trouvé la poularde que je vous ai envoyée par le dernier courrier? Je vous recommande cette production territoriale. Accordez-lui un brevet de célébrité dans l'un de vos prochains traités.

[1] Nous n'avions pas attendu la sage observation de notre ami pour remplir le vide indiqué. Voir notre chapitre des *Menus*.

LE BRÉVIAIRE

DU

GASTRONOME.

HISTOIRE DE LA CUISINE.

Lors du traité d'Utrecht, un mot mal défini faillit mettre de nouveau l'Europe en combustion ; bien que nous n'ayons pas le même malheur à craindre, il importe toutefois de comprendre, avant d'entrer en matière, la signification du mot de gastronomie.

On confond assez généralement le gastronome et le gourmand ; cependant l'un et l'autre sont séparés de toute la distance qu'il y a entre un poëte et un versificateur, entre un artiste et un ouvrier, un architecte et un maçon. Tous tant que nous sommes, enfans déchus d'Adam, nous apportons en venant au monde des dis-

1*

positions à la gourmandise. On naît gourmand comme on naît poëte ; c'est l'art, l'étude, qui fait le gastronome, comme l'orateur. Cet enfant du Limousin qui, pour ramollir son pain, le trempait dans de l'eau, faisait un acte de gourmandise, et non de gastronomie. Le prince de Talleyrand est un gastronome ; le prince de Kourakin, visitant en 1810 les cuisines de l'empereur pour interroger les chefs d'office, était un gourmand : la gourmandise est un péché mortel ; la gastronomie n'est pas même un péché véniel.

Les qualités qui distinguent le véritable gastronome sont ou naturelles, ou acquises ; c'est l'*homo duplex* de Platon.

1°. Il doit avoir un excellent estomac, revêtu d'un triple airain, comme parle Horace [1], où les opérations importantes de la digestion s'opèrent avec promptitude et facilité ; un appétit éveillé avec l'aurore, une mâchoire en bon état, complète autant qu'il est possible, et armée de ces doubles dents qu'on nomme *mar-*

---

1 Ode IIe.

teaux et sans lesquelles il ne saurait exister de véritable gastronome, car sans ces précieux instrumens plus de mastication, plus de *criterium* pour distinguer une viande pleine d'un jus enivrant, et une viande sèche et coriace comme les vers de quelques-uns de nos romantiques ; il doit avoir une bonne paire d'yeux ou, à défaut, des lunettes de Cauchois, car on sait que les plaisirs parviennent plus doux à l'esprit en arrivant d'abord par les yeux : c'est l'affranchi de Mécènes qui nous l'apprend [1] ; pour un gastronome les jouissances commencent avant le repas ; un odorat fin et prompt, une paire de nerfs olfactifs qui se soulèvent et s'abaissent à volonté ; un palais dont les houppes soient très-irritables ; un grand fonds d'humeur joyeuse, et quelque chose de ce juste d'Horace qui aurait vu, sans se troubler, les trois pour cent tomber à soixante, les folies de Shakespeare envahissant notre scène, Lope de Véga préféré à Molière, et Rossini à Mozart. Tous les canons de Navarrin ton-

[1] Horace, *Art poétique.*

neraient à ses oreilles, qu'il ne s'en apercevrait pas. Tranquille *et compos suí*, comme disent les moralistes, assis à sa table, il découperait une tranche de jambon de Mayence et la mangerait sans se faire mal.

Quant aux dons acquis, il sera tout ce qu'on voudra, peintre, poëte, géomètre, médecin. Les gastronomes ont pénétré dans le sanctuaire de toutes les sciences : toutefois pour être gastronome, et en mériter le titre, il n'est pas besoin d'être descendu dans les abîmes de la métaphysique comme Leibnitz, d'avoir comme Newton ouvert de nouveaux cieux, ou comme Laplace deviné par la seule force du génie les révolutions des corps célestes: il suffira d'avoir étudié la matière sur laquelle opère, chaque jour, cette gaie science du ventre. Ainsi notre gastronome saura les produits gourmands de chacune de nos provinces, ce que chaque mois fait naître pour contenter l'appétit, les noms des artistes culinaires de la capitale ; comme Adam nomma les animaux, il pourra, quand on lui présentera un instrument de cuisine, le baptiser de son vrai nom. Il distinguera au bouquet le Volney du Meursault, le Bourgogne du Bordeaux, et surtout il aura dans sa tête une érudition gourmande qu'il pourra se procurer par quelques mois d'étude, que nous lui épargnerons encore, s'il veut méditer le résumé moral de la cuisine en France, que nous avons composé exprès pour son instruction. Il est temps qu'un gastronome sache faire autre chose que mâcher.

L'art de la gueule, comme parle Montaigne, est aussi ancien que le monde. S'il faut en croire le juif El-Bassum, savant commentateur du Talmud, le plat de lentilles pour lequel Ésaü vendit son droit d'aînesse avait été accommodé par quelque grand cuisinier *post-diluvien*, dont El-Bassum n'a pu découvrir le nom malgré quinze ans de recherches. C'est un malheur dont il faut se consoler en se rappelant que Fabricius, dans sa Bibliothèque grecque, cite le titre de cent poëmes épiques, au moins, qui précédèrent l'Iliade et dont les auteurs nous resteront à jamais inconnus. Notre inten-

tion n'est point ici de faire l'histoire de
l'art culinaire chez les différens peuples du
globe ; nous ne montrerons pas le flam-
beau de la cuisine passant comme un sceptre
d'une nation à l'autre, tantôt s'éteignant,
tantôt brillant d'un vif éclat, participant
des progrès ou des obscurcissemens de
la raison humaine, consolant les Cartha-
ginois, que le bon Plutarque nous peint
comme d'excellens mangeurs, de la perte
de leurs libertés, Corinthe de la spolia-
tion de ses musées, Rome de l'oppres-
sion de ses empereurs. Remarquons seulement ici cette constante attention de la
providence à susciter, quand les nations
sont dans le deuil, de ces êtres qui font
oublier toutes les pertes de l'art, et jusqu'à l'esclavage des intelligences, en même
temps que la vérité du système des com-
pensations qu'on trouve tout au long dans
le matérialiste Bonnet, et dont on a fait
honneur de nos jours au bon M. Azaïs.

Ainsi, sans aller chercher bien loin nos
exemples, quand l'Europe en armes vint
camper autour du Louvre pour dépouiller
ce musée européen, des trésors que la

victoire y avait rassemblés, pas un de nos cuisiniers ne nous fut enlevé. Nous perdîmes l'Apollon, la Transfiguration, le Cénacle de Vinci ; mais nos Apicius nous restèrent. On cite, il est vrai, quelques *cartes* de restaurateurs que les Prussiens et les Anglais surtout avaient soin de mettre dans leur poche, en sortant de dîner chez Beauvilliers ou les frères Provenceaux : singulière conquête ! comme si toutes les recettes de l'abbé d'Aubigné pouvaient enseigner à faire une tragédie à la manière de Corneille ! comme si les règles suffisaient sans le génie ! comme si l'on ne naissait pas cuisinier ainsi qu'on naît poëte ! N'oublions pas de noter cette fierté patriotique de nos cuisiniers au milieu de l'ivresse générale de servitude qui semble alors tourmenter tous les esprits ! En vain l'étranger fait briller l'or à leurs yeux ; ils refusent de quitter la France.

Un d'eux, par un concours de circonstances qui auraient dompté l'âme la plus forte, succombe-t-il, voyez comme il peint l'état de son esprit ! « J'ai voulu voir l'Angleterre, la Russie, l'Autriche ;

mais un malaise que je ne puis ni vaincre ni définir, me ramène sans cesse dans ma patrie. J'ai refusé d'entrer à la cour de Russie, je suis resté chef de cuisine chez le prince régent d'Angleterre huit mois environ ; mais toutes ces positions quoique brillantes ne pouvaient me convenir, mon âme toute française ne peut et ne veut vivre qu'en France. Là, sans fortune, sans ambition, heureux de me livrer à des travaux commencés dans ma jeunesse, suivis toute ma vie, je mourrai comme le soldat de la vieille garde enveloppé dans mes drapeaux. » Peut-être trouvera-t-on cette comparaison trop poétique, et tout au plus digne d'un descendant d'un de ces cuisiniers qui pendant que l'empire échappait avec la fortune au malheureux Vitellius, debout, près du fourneau impérial, tourmentaient leur génie à inventer des mets capables d'irriter le palais de leur maître ; mais ne chicanons pas monsieur Carême sur ses images : l'Homère de la patisserie dort aussi quelquefois.

Il ne paraît pas que les sciences culinaires aient jeté un grand éclat sous la première ni sous la seconde race de nos rois. Grégoire de Tours nous a conservé le détail d'un repas de guerriers francs, qui ferait hausser les épaules de pitié ; on dirait les guerriers de l'Iliade à table ; Charlemagne, s'il faut en croire Eginhard, mangeait peu, et se nourrissait plus mal encore. Philippe-le-Bel restait à peine une demi-heure à table. François 1er. pensait plus aux femmes qu'à la bonne chère. Toutefois c'est sous le règne de ce monarque galant qu'on place la naissance de la science gastronomique en France. Le grand mouvement que Luther avait imprimé à la raison humaine, s'étendit jusque dans l'âtre domestique. C'est à table que les réformés et les catholiques gagnaient les âmes.

Parmi nos lecteurs combien n'ont jamais entendu parler de Gonthier d'Andernach ! C'est une de ces lumières dont s'enorgueillit la réformation. Ce que Bacon de Vérulam fut pour la philosophie, Dante et Pétrarque pour la poésie, Michel Ange Buonarotti et Raphaël pour les arts du dessin, Colomb et Gama pour la science de la terre, Copernic et Galilée pour la science des cieux, Gonthier le fut en France pour la science du ventre. Avant lui notre code gourmand, semblable à la constitution anglaise, n'était formé que de lambeaux dérobés çà et là. Les noms de nos mets ont quelque chose de barbare et d'étranger comme nos mets eux-mêmes. Le peuple le plus vif, le plus inventif n'a pas, le croirait-on ! une seule sauce à lui ; il emprunte ses alimens et l'idiome, pour rendre visible à l'œil sa pensée, à l'Allemand, à l'Espagnol !.... Point de doctrine écrite, mais des recettes informes et disparates que les pères ont léguées à leurs enfans, que ceux-ci transmettront à leur postérité, et que les uns et les autres font remonter jusqu'aux premiers âges du monde, parce qu'alors la durée est le seul *criterium* qui assigne leur rang dans le culte des hommes, aux ragoûts ainsi qu'aux institutions. Enfin parut Gonthier. Comme Descartes, un siècle plus tard, recomposa l'édifice intellectuel, il refit l'édifice culinaire ; tous deux introduisirent le doute, l'un dans le monde moral, l'autre dans le monde physique. Descartes, par l'adoption de la conscience comme point de départ de toute recherche philosophique, régénéra l'entendement et détruisit cet empirisme ténébreux qui tuait l'intelligence : Gonthier, par la reconnaissance des houppes nerveuses comme seules juges et souveraines à table, renversa tout cet échafaudage de traditions *bromatologiques*, triste héritage du passé. Gonthier est le père de notre cuisine nationale, comme Descartes de la philosophie française. Si l'un a suscité des génies tels que Spinosa, Mallebranche, Locke, l'autre a été suivi d'une postérité d'artistes dont les travaux ainsi que les noms ne passeront jamais. Qui n'a pas entendu parler des Dalègre, des Richaut, des Souvent, des Mézelier? Dans moins de dix ans, on compte que Gonthier trouva sept coulis, neuf ragoûts, trente-une sauces, vingt-un potages; qu'on nous dise si Descartes a découvert autant de vérités !

Le mouvement était créé; rien ne pouvait désormais l'arrêter, le monde ne devait plus tomber dans ses premières ténèbres. Une femme vint, qui répandit le

règne des lumières : c'était la fille du brillant Laurent de Médicis, la nièce de
Léon X, Catherine, alors dans toute la
fleur de la beauté, telle que la peignit le
Primatice. Suivie d'un peuple de parfu-
meurs, de peintres, d'astrologues, de
poëtes et de cuisiniers, elle traverse les
Alpes, et bientôt Bullan trace le plan des
Tuileries, et Berini retrouve des sauces per-
dues depuis des siècles. Douée de tous
les dons du sort, mère et femme de rois,
la nature lui avait encore accordé un de
ces palais dont l'intuitive sensibilité est
rarement le partage des têtes couronnées.
Aussi la voit-on, quand elle a chassé devant
elle ce troupeau de devins mâles et femelles,
qui font métier de lui prophétiser l'avenir,
consulter son maître d'hôtel sur un rôt
importé de la gourmande Florence, ou
tremper elle-même dans une sauce épaisse
ces doigts qui tenaient les rênes de l'empire et que Ronsard comparait aux doigts
de rose de l'Aurore ! Laissons l'imbécile
vulgaire s'émerveiller de l'importance que
la reine-mère semble mettre aux sciences
gastriques : il ne sait pas que c'est à table,

au milieu du parfum des vins de Bourgogne, et de l'enivrante odeur des mets,
qu'elle médite l'abaissement d'une faction
redoutable, la chute ou le supplice d'un
homme qui troublait son sommeil. C'est à
table qu'elle eut à Bayonne cette entrevue
avec le duc d'Albe, où fut résolu le mas-
sacre de la Saint-Barthélemy. C'est à table
qu'elle faisait des députés, marchandait
et achetait des votes, humanisait la sauvage vertu d'un Caton du jour : tous les
âges se ressemblent, a dit le philosophe
Sénèque, *seculo simile seculum.*

Le long règne de cette femme qui ne
laissa pas un instant de repos à la France,
fut fécond en splendides repas. L'histoire
en cite deux qui effacèrent tout ce qu'on
avait vu de plus succulent dans les fastes
de la bonne chère : l'un que Catherine
donna pour l'hymen de sa fille Margue-
rite, à Jeanne d'Albret, qui mourut deux
jours après, et ne mourut pas d'indigestion ; l'autre en l'honneur du supplice de
Cavagnes, que Charles voulut voir pendre,
mais le ventre plein, comme le rapporte
un naïf historien de l'époque. L'exécution

et le repas eurent lieu aux flambeaux. On ne sait pas au juste tout ce que l'une valut au bourreau, mais on peut voir sur les registres de l'Hôtel-de-Ville ce que l'autre coûta à quelques deniers près. Sauval en donne le compte dans ses Antiquités.

Nous savons qu'on accuse les cuisiniers du seizième siècle d'avoir joué un vilain rôle pendant le cours de nos troubles domestiques. Il ne tiendrait même pas à certains sycophantes, au ventre creux, qu'on ne les regardât comme les familiers de la reine-mère, les ministres de ses vengeances et les instrumens habituels de sa sanglante domination, *instrumenta regni*, selon l'expression de Tacite. Il est possible que Catherine en ait appelé quelques-uns, comme Agrippine mandait Locuste dans son palais quand elle ne pouvait dormir. Mais nous portons le défi de citer un seul d'entre eux qui se soit vendu ou loué à cette méchante femme; n'avait-elle pas du reste des médecins, des apothicaires, dont la tête est autrement féconde que celle d'un pauvre diable qui n'a jamais quitté ses fourneaux?

Revenons-y nous-mêmes.

En ce temps-là, c'est-à-dire quelque temps après la Saint-Barthélemy, monta sur le trône Henri de Valois, frère de Charles IX et fils de Catherine. C'était un prince d'un grand appétit, qui aimait le bon vin et la bonne chère, goûts que sa mère avait cultivés et fécondés soigneusement pour tenir seule les rênes de l'empire. Henri de Valois passait des jours entiers à table; aussi l'astre de la cuisine brilla-t-il d'un prodigieux éclat sous ce monarque gourmand. On rapporte aux premières années de son règne, la découverte du fricandeau, qu'on attribue assez généralement à un Suisse. Aujourd'hui que le fricandeau a son Colomb, cette découverte n'étonnera pas plus que celle de l'Amérique, et pourtant elle suppose une grande force de tête.

S'est-on jamais douté des efforts de génie que dut coûter à Pascal, une machine aussi simple que la brouette? Schrœter dans son admirable ouvrage sur l'Astronomi , tol. 2, regarde l'invention du rouet à filer, comme plus surprenante que la révélation de ces grandes lois de la nature devinées par Képler , que les carrés du temps des révolutions planétaires sont entre eux comme les cubes des grands axes des orbites ; et Schrœter a raison. Quant à nous, s'il nous était donné d'assigner leur rang à ces trois immortelles créations de l'entendement humain , le fricandeau , la brouette et le rouet, nous ne placerions le fricandeau ni au premier ni au dernier rang. C'est, si nous avons bonne mémoire , la place que marquait M. de Fontanes aux Martyrs de M. de Châteaubriand, entre les deux plus belles épopées du monde intellectuel.

Tout en reconnaissant l'impulsion que ce monarque imprima à la cuisine, nous ne dissimulerons pas qu'il mit à la mode les sauces aromatisées , les graisses et farines gluantes, les coulis et les roux calcinés par une torréfaction semblable à celle du café brûlé. Ces sauces donnaient aux alimens une âcreté corrosive , et loin de nourrir le corps , ainsi que le remarque Jourdan le Cointe, lui communiquaient un embrasement auquel les secours de la médecine étaient souvent incapables de remédier.

Aux mets épicés se mêla, sous le règne de Henri III, le goût des boissons chaudes. Hippocrate conseille l'eau chaude dans les fièvres, Avicenne dans la phthisie, Trallien dans la frénésie, Platon dans les dégoûts, Aétius dans les maladies de la vessie ; on conclut qu'ayant tant de qualités différentes, l'eau chaude devait être bonne à table, ne fût-ce que pour digérer, car on mangeait beaucoup sous les Valois. Il n'y eut pas un repas sans un pot d'eau chaude, et le vin même fut servi dans un état de tiédeur. Nos pères avaient-ils tort? C'est une grave question à résoudre.

Si le pauvre a gardé la mémoire de Henri IV, on n'en peut dire autant des cuisiniers. Ce monarque ne fit rien pour eux, soit que la nature lui eût refusé un bon appétit (car quel prince fut jamais accompli!), soit qu'il les regardât, ainsi que dans le dernier siècle on regardait les potages, à peu près comme chose inutile ; mais en revanche ils ne firent rien pour lui. Toutefois ce règne ne se passa point sans indigestion, et ne fut pas non plus tout-à-fait stérile en gourmands. Tout le monde connait ce d'O dont le bien-heureux estomac sortait de table, comme Messaline de sa couche adultère, las mais non rassasié ; et ce Mayenne auquel il ne manqua qu'un ventre moins gros pour être le premier homme de son siècle. C'est ce chef de l'Union qui enseigna aux gourmands de l'époque l'utilité des laxatifs dans maintes occasions de la vie, et qui les mit à la mode. Les laxatifs firent bien-tôt fureur, à peu près comme de nos jours les sangsues du docteur Broussais.

C'est du siècle de Louis XIV que date l'étude et la science des sauces en France. Sous Louis XIII, presque toutes les viandes étaient mangées rôties ou grillées ; chaque boulanger avait un four où le marchand comme le grand seigneur en-voyait cuire sa viande de table : peu à peu on sentit l'importance des sauces. Une sauce faite dans les principes de l'art ouvre l'appétit, l'aiguillonne, l'excite, le ressus-cite, titille le palais avec d'admirables délices, embaume l'odorat, enivre tous les sens de volupté. Celui qui trace ces lignes a souvent entendu dire au docteur Gastaldi, de gourmande mémoire, que la sauce était aux alimens ce qu'est l'action à l'art oratoire. Il s'inclinait devant un grand saucier comme il se serait incliné devant un poëte épique, et parmi les preuves de l'immatérialité de l'âme, il mettait en première ligne le prodige d'une sauce sans défaut.

Il paraît aussi que les grandes intelligences du siècle de Louis XIV n'avaient pas pour l'art de la cuisine ce mépris qu'affectent quelques idéologues de nos jours. Boileau a décrit un mauvais repas en homme qui en a souvent vu de meilleurs; il aimait les plaisirs de la table, qui du reste n'ont jamais été incompatibles avec les dons du génie ou les investigations de l'entendement.

Les progrès des sciences chimiques sous la régence hâtèrent ceux de la cuisine. C'est alors, si nous ne nous trompons, que fut publiée la Cuisinière bourgeoise, en six livres ou plutôt en six chants, ouvrage qui atteste une étude approfondie de l'art

et un admirable talent d'analyse : point
de mots superflus ni de vaines paroles;
mais des apophtègmes à la manière an-
tique ; c'est un monument digne de la
vénération de tous les gourmands. Honneur à ce premier code de la gastronomie,
pensé au milieu des fourneaux et écrit sur
des casseroles !

Les sciences gastronomiques firent de
grands progrès sous le règne de Louis XVI,
époque brillante de la littérature gourmande : avec les modes, les habitudes,
les vêtemens, la liberté de penser, le goût
des équipages et des chevaux de la Grande-
Bretagne, s'introduisirent en France
quelques mets nouveaux dérobés à son
code culinaire, tels que les puddings et
les biftecks, etc. Bien différens de nos voi-
sins d'outre-mer qui ne nous accordent aucune supériorité intellectuelle et chan-
gent le nom à tous les mets qu'ils nous
dérobent, nous conservâmes à ces conquêtes leur appellation nationale qu'elles
ont encore aujourd'hui. Grâces aux progrès
croissans, aux découvertes de la chimie
et au génie de nos artistes, l'art de la cui-

sine s'éleva sur la fin du dernier siècle au plus haut degré de splendeur. Quel siècle que celui des L'Asne, des Souvent, des Mézelier, des Richaud, des Chaud, des Robert !

« Bientôt, il est difficile de l'oublier, dit un journaliste, qui met dans ses articles littéraires tout l'esprit que Laguipierre mettait dans ses sauces, des hommes entièrement étrangers à notre civilisation, et dont tous les cuisiniers doivent à jamais maudire la mémoire, voulurent nous accoutumer à ces mets grossiers dont les Romains des premiers âges de la république, à qui j'en fais mon compliment, avaient pu s'accommoder, mais qui répugnaient à la délicatesse de nos goûts. Quels temps ! quelles mœurs ! mais surtout quelle cuisine ! Le peuple ne tarda pas à s'en dégoûter. On lui en avait promis une meilleure, et il ne concevait pas qu'il pût faire si mauvaise chère au milieu des hommages qu'on rendait à sa souveraineté ! Pauvre souverain ! à qui ses officiers de bouche servaient pour dîner un plat de lentilles, que l'amour de la patrie, leur seul assaisonnement, ne rendait pas moins insipides. »

Mais , comme tout ce qui est violent n'est pas durable , le peuple jeta de côté cette pourpre royale qui lui allait si mal , et redemanda , comme les Hébreux , ses oguons d'Égypte. Vint le directoire, sous lequel on lui permit de faire deux repas par jour. Cachés dans l'âtre domestique où ils pleuraient sur le repos forcé auquel on les avait condamnés , les cuisiniers reparurent, cherchèrent leurs anciens maîtres , et , ne les trouvant plus , louèrent leur génie à ces républicains bâtards qui, dès qu'il leur fut permis de manger pour vivre , tinrent table ouverte , regagnèrent le temps perdu et ne vécurent plus que pour manger.

Une révolution comme la nôtre, où de si terribles images avaient tourmenté nos regards , dut laisser des traces de son passage dans nos besoins physiques et intellectuels. Au sortir de ce drame sanglant , l'esprit , bouleversé par tout ce spectacle du passé, dut repousser ces émotions douces et tranquilles dont il se nourrissait autrefois , de même que le palais longtemps en repos , pour être émoussé , dut demander des mets de haut goût : aussi le règne du directoire est-il celui des romans à la Radcliffe et des sauces à la provençale. Heureusement vint le huit brumaire, qui renversa les cinq directeurs et leurs marmites. Cette chute fut chantée par nos joyeux disciples d'Épicure jusque sur la scène, où l'on rit pour la première fois depuis dix ans, et célébrée dans des festins où reparurent ces beautés piquantes qui, dans le cours de nos discordes, avaient donné les preuves du plus héroïque dévouement, et qui, le calme rétabli, venaient exciter au milieu de nos repas; les vives saillies et la joie bruyante des convives. On sent assez qu'on ne pouvait offrir aux lèvres de rose du beau sexe l'ail et la ciboule de nos républicains.

Sous le consulat et l'empire, la cuisine, grâces aux travaux de Beauvilliers, de Baleine et d'autres artistes, fit de nouveaux et de notables progrès. Le nom d'un simple amateur vint se placer dans ce mouvement des sciences gastronomiques, c'est celui de Grimod de la Reynière, dont le prince Kourakin regardait l'*Almanach* comme le livre le plus délectable qui fût sorti de la main des hommes. On peut dire que l'*Almanach des Gourmands* fit une véritable révolution dans la langue et dans les habitudes du siècle : avant son apparition, un homme du monde eût rougi de parler cuisine ; Grimod de la Reynière en ennoblit le langage, en même temps qu'il en inspira le goût, en prouvant que le génie de cette science pouvait s'allier à tous les dons de l'esprit.

Nous ne devons à M. Grimod aucune découverte ; il n'a rien créé, pas même une sauce, et pourtant son nom vivra, tant qu'on mangera en France ; les chants de l'Orphée de Pesaro auront vieilli, et les sangsues de M. le docteur Broussais passé de mode, que l'*Almanach des Gourmands* sera lu et plein de vie et de gloire.

Nous sommes encore trop près de la restauration, pour déterminer la part qu'elle a eue au mouvement de la cuisine en France ; la restauration a introduit dans la monarchie des formes représentatives essentiellement amies, comme on sait, de la gourmandise ; et sous ce rapport encore, la restauration est un véritable bienfait, une ère nouvelle ouverte à ceux qui ont faim. Du reste, nous serons bientôt à même d'apprécier l'action du régime constitutionnel, sur les habitudes gourmandes de la nation. Un homme, qui depuis vingt-cinq ans occupe dans nos assemblées législatives la place que Copernic assigna au soleil dans l'espace, a tracé ce tableau dans un volume in-8°., qu'on promet incessamment ; son livre porte le titre de : *Histoire de la gueule en France, depuis la révolution de 1789 jusqu'à nos jours.* L'auteur nous a communiqué comme spécimen de son travail, quelques-uns de ses chapitres, où nous avons trouvé souvent des aperçus heureux, des vues neuves, des pensées profondes, un style plein et nourri ; un de ces chapitres a pour titre : *L'Élection de M. A..., due à un pâté de foies d'oie ;* un autre : *La Dinde aux truffes et la Censure ;* un autre : *Le dix-huit Brumaire expliqué par des Alouettes de Pithiviers ;* un autre : *La liberté de la Presse repoussée avec perte par un Poulet gras de Strasbourg.*

3*

CHAPITRE PREMIER.

DE LA CUISINE. — DES USTENSILES DE CUISINE.

Il est presque aussi difficile de monter une cuisine que de former une bibliothéque. Le choix des ustensiles qui y sont nécessaires n'est guère moins compliqué que celui des livres dont un homme opulent veut par ostentation garnir ses tablettes.

Il faut d'abord que la cuisine soit vaste, bien aérée, bien claire, d'un abord facile et pas trop éloignée de la salle où l'on mange. Les fourneaux seront, autant que possible, sous les fenêtres, bâtis à une hauteur convenable et disposés de manière à consommer le moins de charbon, et à donner le plus de chaleur possible. De cette manière les cuisiniers seront moins incommodés de la vapeur du charbon, toujours si dangereuse et qui mine à la longue les santés les plus robustes; ils verront mieux leur ouvrage ; le feu , plus actif et plus concentré , ne dissipera point en vain sa chaleur, et la cuisson des alimens sera plus prompte et plus égale. On se servira de quinquets afin d'éviter l'usage des chandelles , qui doivent être proscrites de toute cuisine où l'on tient à la propreté. La cheminée sera vaste , le manteau assez élevé , mais le tuyau étroit , pour brûler moins de bois , et perdre moins de calorique ; de forts chenets en fer, des trépieds , des chevrettes se trouveront dans cette cheminée , et les premiers seront disposés de manière à soutenir plusieurs broches au besoin.

Une très-grande table de chêne , de six pouces d'épaisseur, doit occuper le milieu de la cuisine. Elle sert pour hacher, piquer, ajuster, et à l'heure du repas pour dresser les entrées. Cette table doit toujours être maitenue très-propre , et ratissée tous les jours. Un fort billot , posé sur ses trois pieds , et qui ne sert que pour tailler les grosses viandes au couperet ; un tour à pâte , garni de ses rouleaux de buis ou d'acacia ; une table moyenne , qui ne sert que pour les rôtis, quelques pelles et trois à quatre chaises, sont presque les seuls meubles qui doivent se trouver dans une cuisine. Nous ne comprenons point dans ce nombre les menus ustensiles, tels que soufflets, tamis, égrugeoirs, saloires, etc.

A l'égard des ustensiles en fer, ils se bornent, outre les crémaillères et la garniture ordinaire de la cheminée, à un tourne-broche et cuisinières, à plusieurs grils de diverses grandeurs, à deux fours de campagne dont un grand et un petit; deux poêles à frire également de dimensions différentes, étouffoirs, pincettes, marmites de fer, deux couperets, deux hachoirs, une demi-douzaine de lardoires assorties; une boîte à compartimens pour les épices; deux ou trois râpes, plusieurs entonnoirs de diverses grandeurs en fer-blanc, des tranche-lard et des couteaux à découper et à trousser.

Vient ensuite la batterie de cuisine proprement dite, qui comprend les marmites, les casseroles, les passoires, les poissonnières, les poêlons, etc., etc. Tous ces ustensibles doivent être en cuivre rouge étamé et en cuivre jaune. Cette partie des ustensiles dans une cuisine bien montée se compose de deux marmites grandes et moyennes, de deux autres plus petites, de trois poêlons et d'autant de chaudrons assortis, de trois poissonnières avec leurs feuilles, de grandeur différente, de deux passoires, deux cuillères à pot et deux écumoires, de quatre cuillères à dégraisser, de deux casseroles ovales pour les braises, d'autant de plafonds et feuilles de four, d'une bouilloire, deux coquemards et de vingt-quatre casseroles avec leurs couvercles, depuis la première grandeur jusqu'à la dernière. Ajoutez-y deux poêlons à bec pour les caramels, deux bains-marie, une grande fontaine si l'on n'a pas de réservoir ; et enfin une chaudière pour laver la vaisselle.

CHAPITRE II.

DU SOIN DES USTENSILES DE CUISINE.

On ne saurait assez recommander aux maîtres de maison de jeter souvent un œil attentif sur l'état de leurs ustensiles de cuisine.

Le docteur Jonhson s'élève avec raison contre ces maîtres insoucians qui ne visitent jamais leurs casseroles, etc., etc. Il les appelle des empoisonneurs, et voudrait que des lois sévères pussent les atteindre et les punir [1]. Qu'un Amphitryon n'oublie jamais que la mort d'un seul convive est un avertissement pour tous les autres, qui fuiront une table où l'on court de si grands risques.

Certes, quand quelques parcelles de vert de gris cachées dans un vase de cuivre

[1] Voyez la Chimie culinaire d'Accum ; Londres, 1825.

ne feraient que causer une passagère indigestion, un fugitif malaise, la perte momentanée de l'appétit à un gastronome; quel malheur! Voyez ces mâchoires dont les mouvemens d'ascension et de descension étaient aussi bien réglés que ceux d'une pompe à vapeur, clouées l'une contre l'autre; ces dents qui accomplissaient l'œuvre si admirable de la trituration, maintenant se heurtant à vide; ce teint fleuri la veille, et à cette heure, jaune comme ces feuilles que les romantiques font tomber dans leurs vers; et tout cet être si bien portant, si alerte, si dispos, attaché sur son lit! « Cromwell allait ravager la terre, » dit Pascal; « un grain de sable dans son urètre, et voilà la famille royale rétablie [1]. » Ce gastronome semblait devoir dévorer tout le gibier de *la Vallée*, il était insatiable; un peu de vert de gris, et toute sa machine est détraquée! Qui ne s'écrierait avec le poëte

O vanas hominum mentes!

[1] Pensées de Pascal.

Nous connaissons quelques gastronomes qui, n'aimant pas moins le ventre de leurs amis, que leur ventre même, font étamer leurs casseroles tous les deux mois. Mais cette précaution ne suffit pas : il faut encore qu'un maître de maison visite sa cuisine, comme il visite sa cave, pour voir si tout est à sa place, si tout est propre, net, brillant. Quand on s'est servi d'une casserole, il faut avoir soin de la laver dans une eau très-chaude et de l'essuyer aussitôt sans la laisser égoutter.

Un peu de grès bien fin, ou, ce qui vaut encore mieux, de la sciure de pierre sert à leur donner cet extérieur poli, brillant, seul miroir des anciennes dames romaines; on peut encore les passer de temps à autre au tripoli.

Il faut avoir l'attention de ne jamais laisser séjourner à l'intérieur aucune espèce de substance liquide ou solide.

Il arrive quelquefois qu'un feu trop vif fait attacher au fond de la casserole les alimens qu'elle contient. On emplit alors la casserole d'eau chaude, qu'on y laisse quelques instans, afin d'en détacher l'espèce de croûte qui s'est formée. Si, malgré cette précaution, la croûte résistait, on aurait recours à de la cendre, mais jamais à du grès, comme cela a lieu dans quelques cuisines, parce que cette substance corrode les parois de la casserole et en use l'étamage.

CHAPITRE III.

DU CHOIX D'UN BON CUISINIER.

M. CARÊME regarde un bon cuisinier comme la pierre angulaire de l'édifice social, et il a raison ; c'est à table que furent arrêtées les bases du traité d'Amiens ; la capitulation de Paris fut signée dans un brillant déjeuner d'empereurs, et plus d'un de nos budgets fut présenté, arrêté, emporté entre la poire et le fromage. Or sans cuisiniers point de dîners et sans dîners plus de lois, de traités, ni de budgets : anarchie complète.

On voit donc de quelle importance il est pour un Amphitryon de faire choix d'un bon sujet : si l'on est assez heureux pour en avoir trouvé un, il ne faut le quitter qu'à la mort. Gardez-vous donc de le marchander comme on fait d'un vieux livre sur nos quais, donnez-lui ce qu'il

vous demandera. C'est un trésor inappré-
ciable qu'un bon cuisinier !

A Rome le *Magister Coquorum* se
payait jusqu'à mille louis, et n'en avait
pas qui voulait à ce prix. Cicéron met au
nombre de ses misères de n'avoir qu'un
mauvais marmiton. *Coquus meus præter
jus fervens nihil potest imitari.* Epist. l.
IX, 20. Le cuisinier de Cicéron, du prince
des orateurs, d'un consul romain, qui
ne sait faire qu'un méchant bouillon [1] !
O tempora ! ó mores !

Si la fortune ne vous permet pas d'avoir
un chef d'office, vous pourrez vous contenter d'un *Cordon bleu.* Vous ne pren-
drez votre cuisinière ni trop vieille ni trop
jeune. Trop vieille elle dormirait comme
Homère ; trop jeune elle penserait à tout
autre chose qu'à dormir. Le jour où vous
donnerez à dîner vous ne la tourmenterez
pas : point de brusquerie, de mauvaise

___

[1] Nous traduisons *jus fervens* par *bouillon.* Non-
nius veut que ce soit un *court-bouillon.* (Voyez son
traité *de Re cibariá.*) Plenck pense que Cicéron parle
d'une sauce noire estimée alors des gourmets.

humeur, un visage gai, ouvert, un air de satisfaction et de contentement. C'est le moyen d'être servi à l'heure et d'être bien servi. J'ai connu un *Cordon bleu* digne d'être mis à côté de cette cuisinière que madame la comtesse de Genlis chante dans son *La Bruyère des domestiques*, et qui m'avouait ingénument qu'elle n'était jamais malheureuse que les jours de galas. Tout son génie l'abandonnait, ce n'était plus qu'une ombre d'elle-même. Ce n'était pas sa faute, mais celle de son maître qui s'attachait à ses pas, la tourmentait de ses questions, la fatiguait de ses observations, en un mot lui faisait perdre la tête.

Une cuisinière digne de son mandat doit être abandonnée à elle-même. Maîtresse de son temps, elle le consacrera tout entier à l'exercice de son art. Levée avec le jour en hiver, et à six heures en été, son premier soin doit être de mettre sa cuisine en état, et d'y tenir tout dans un ordre parfait et une propreté extrême. Ces soins préliminaires remplis, elle mettra son pot au feu, et ne sortira qu'après l'avoir bien écumé. Elle ira ensuite au marché, de préférence à la halle pour peu que l'éloignement ne soit pas trop considérable, parce que c'est là qu'on trouve tout en plus grande abondance et au meilleur prix. De retour au logis, elle préparera son dîner, dont le menu aura été arrêté la veille par son maître ; elle marquera ses entrées, disposera ses entremets, piquera ou bardera ses rôtis ; en un mot se mettra en état de commencer à l'heure convenable afin que le service n'éprouve aucun retard.

Lorsque cette heure sera arrivée, elle trempera ses potages, dressera ses plats, et les disposera dans l'ordre où ils doivent paraître. Si c'est elle qui est chargée de l'office elle aura préparé dès le matin sou dessert, et donnera une attention particulière au café, qui doit toujours être fait selon l'excellente méthode de Dubelloy ou selon celle d'Accum [1].

1 Voir le *Manuel de l'Amateur de café*, ou l'Art de prendre toujours de bon café : 1 volume in-18, orné de figures coloriées. Prix, 2 fr. Chez Audot

On voit par cet aperçu quelle responsabilité pèse sur une bonne cuisinière. Nous le répétons avant de terminer ce chapitre important : une cuisinière, un jour de réception, a besoin d'être libre dans ses opérations culinaires. On entrera donc le moins possible dans sa cuisine. Si l'Amphitryon veut absolument mettre la main à la sauce, soit ; mais qu'il choisisse un plat qu'il traitera à sa manière, dont nul que lui n'approchera et que, tout glorieux, il pourra présenter à ses convives en leur disant : *Voilà mon ouvrage !...*

CHAPITRE IV.

DE LA CUISINE DE SANTÉ.

La santé est le résultat le plus constant d'une circulation douce du sang et des humeurs vitales. C'est du suc exprimé des alimens que naît ce chyle restaurateur destiné à réparer les pertes que l'air, l'exercice et la transpiration nous font éprouver tous les jours. Ce sont une infinité de petits tuyaux chylifères dispersés autour des entrailles, qui, repompant sans cesse les sucs les plus fluides de nos alimens, portent dans tous le corps cette nutrition nécessaire au développement et à la conservation de notre être. Si la nutrition est plus forte que la réperdition, le corps s'engraisse et se fortifie.

Si elle est moindre il se dessèche et s'affaiblit. On ne peut sainement réparer les pertes continuelles du corps, qu'en lui offrant journellement les sucs les plus analogues à sa constitution, et ceux qui, par leur nature, sont les plus propres à le nourrir et à le fortifier. Il est donc important de connaître la qualité des alimens et leurs modes de préparation, afin de conserver toute leur vertu à ceux que la cuisine moderne a si souvent altérés ; il importe encore de connaître comment chaque aliment agit sur chaque tempérament, afin de choisir ceux qui sont les plus convenables à nos goûts et à notre santé.

Le sang et les humeurs dans un corps sain sont doux, fluides et mucilagineux, sans âcreté ni alcalescence. Il faut donc que les sucs exprimés de nos alimens possèdent ces mêmes qualités. Plus ils contiennent de principes contraires, plus le corps perd ses forces et sa vigueur.

Le sang qui, par les ramifications innombrables des vaisseaux ou des veines, porte les sucs alimentaires depuis le centre du corps jusqu'à l'extrémité des cheveux ou des ongles, ne peut circuler librement qu'autant que ces sucs ont assez de fluidité pour s'épancher avec facilité et assez de substance nourricière pour réparer promptement les pertes qu'on a éprouvées ; ce n'est qu'à l'aide de cette fluidité qu'ils pourront se mêler à toutes nos humeurs.

Telle est la formation constante d'un chyle restaurateur. Cherchons à présent les moyens de le produire, en conservant à nos alimens les qualités les plus salutaires à la santé et au rétablissement de nos forces altérées, afin que le gastronome robuste conserve long-temps sa gaîté, sa vigueur, et que les personnes valétudinaires puissent se rétablir et jouir d'une existence agréable.

Tous les corps tirent leurs qualités des substances qui les environnent et les pénètrent le plus constamment.

Le feu sèche, détruit ou calcine toutes les substances offertes trop long-temps à son action dévorante, tandis que l'eau rafraîchit et humecte ces mêmes corps que le feu aurait consumés.

La première cause qui vient altérer les qualités salutaires de nos alimens, c'est le feu qui, les touchant immédiatement, détruit leurs sucs mucilagineux et forti-

fians , et qui leur communique cette âcreté·
incendiaire , qui dessèche à la longue tous
nos fibres, en ne leur portant plus autant
de substances nourricières que nous en
perdons chaque jour.

Pour conserver à nos alimens leurs principes les plus salutaires , il faudrait ne leur
donner qu'une coction douce, capable de
les attendrir sans en altérer la saveur, de
leur communiquer un goût agréable , de
les rendre d'une digestion facile , et de ré-
former ou corriger enfin toutes ces prépa-
rations âcres , desséchantes et meurtrières,
qui calcinent les sucs destinés à la nutrition , multiplient les maladies et abrègent
l'existence.

Un seul moyen d'y réussir , serait de
modérer l'action trop vive du feu. Il faudrait un nouvel agent qui, en cuisant les
alimens, leur conservât leurs sucs humec-
tans, prévînt leur dessiccation , et cette
acrimonie incendiaire que la cuisine moderne ne leur donne que trop souvent.
Voyez les grands seigneurs qui ont de
nombreux cuisiniers : de combien de maladies ne sont-ils pas journellement atteints !

Ce qui altère beaucoup nos productions alimentaires, c'est la pratique pernicieuse de les cuire à découvert. Le bouillonnement qui les dissout, exhale en vapeur leurs sucs les plus substantiels. Ils se dissipent et s'évaporent, sans autre utilité que celle d'engraisser l'heureux cuisinier qui les respire tous les jours. Une preuve évidente que ces exhalaisons possèdent ce que nos alimens ont de plus restaurant, c'est que dans tous les climats de l'Europe, le cuisinier est presque toujours le mortel le plus gras et le mieux nourri de la maison, parce qu'il respire et hume sans cesse les vapeurs et l'essence de tous les mets, dont il n'offre à son maître que les fibres ou les cendres, souvent meurtrières; à force d'être dénaturées par une torréfaction sensible, il ne reste au fond des casseroles qu'un sédiment terreux, qui contient plutôt le marc calciné des productions alimentaires que leurs sucs nourriciers.

Qu'on regarde encore les bouchers, sans cesse environnés de viandes fraîches, dont ils respirent tout le jour les exhalaisons : ils jouissent d'un embonpoint et d'une santé vigoureuse, quoiqu'ils mangent peu, ainsi que la plupart des cuisiniers, tandis que leurs maîtres, qui font grande chère, sont presque tous exténués de bonne heure, maigres, goutteux et cacochymes.

Je compare la cuisine moderne à du vin excellent, recueilli dans un bon canton ; si on le verse dans une chaudière, et qu'on allume un grand feu dessous, les vapeurs qui s'en exhalent, produisent l'eau-de-vie, et l'esprit de vin ; mais le fond du vase, à force de bouillir s'altère, se dénature, perd sa saveur, sa force, sa bonté, et n'offre plus qu'un tartre grossier, marc le plus malfaisant de cette boisson salutaire. Voilà l'image de notre cuisine moderne. Nos cuisiniers en boivent l'esprit et les sucs, tandis que leurs maîtres n'en mangent que la crasse et la terre. Fit-on jamais de bon bouillon dans une marmite découverte ? Quelle différence de goût, d'odeur et de substance entre une tranche de bœuf à la mode, cuit à feu lent, dans un vaisseau fermé, ou un morceau de bœuf cuit à gros bouillons dans une marmite entièrement ouverte ! L'avantage en est si grand, que nous avons souvent vu réussir à faire de meilleur bouillon, en quantité égale, avec moitié moins de viande, dans une marmite bien fermée, qu'avec le double dans un vaisseau ouvert. D'où provient donc cette différence étonnante ? C'est que dans un vaisseau découvert, la plus grande partie du suc des viandes et du bouillon se dissipent en vapeurs, tandis que dans un vaisseau fermé, ces exhalaisons nutritives toujours condensées, sont dans une distillation perpétuelle, qui, retombant dans le vase comme la rosée, concentre la totalité de leurs sucs, et conserve toutes les substances nourricières.

Les vapeurs du charbon offrent encore une autre cause qui altère souvent nos alimens, surtout lorsqu'on s'y expose, avant qu'il soit entièrement allumé, et qu'il ait exhalé ses vapeurs malfaisantes ; quoiqu'elles paraissent d'abord peu importantes, ses influences suffoquantes sont dangereuses et trop bien connues pour ne pas saisir, lorsqu'on le peut, tous les moyens de les détruire ou de les éviter.

RICHESSES

DU

GASTRONOME.

POTAGES.

Potage à la julienne.
— printanier.
— à la jardinière.
— à la Faubonne.
— aux choux.
— aux laitues.
— à la hollandaise.
— à l'oseille.
— au lait.
— au lait d'amandes.
— aux choux, maigre.
— à la reine.
— à l'essence de gibier.
— à la Chantilly.
— au consommé de volaille.
— à la purée de gibier.
— à la purée de pois secs.
— au macaroni.
— aux pâtes d'Italie.
— au sagou.

Potage aux grenouilles.
— à la Crécy.
— aux petits ognons.
— au céleri.
— de santé.
— aux concombres.
— à la moelle de bœuf.
— à la purée de pois verts.
— à la purée de navets.
— à la pur. de marrons.
— à la purée de carottes rouges.
— à la purée de haricots blancs.
— à la purée de potiron.
— à la purée de lentilles.
— à la purée de haricots rouges.
— à la graine de melons.

Riz au lait.
Crème de riz.
Riz à la purée.
— au naturel.
— à la Crécy.
Semoule au lait.
— au naturel.
Soupe au potiron.
— à l'ognon.
— maigre à la proven-
çale.
Vermicelle au lait.

Vermicelle au naturel.
Croûte au pot.
— gratinée au consom-
mé.
Panade royale ou à la
reine.
Garbure aux choux.
— aux laitues.
— au parmesan.
— aux racines nouvel-
les.
— à la milanaise.

RELEVÉS DE POTAGE.

Cuisine bourgeoise.

Bœuf garni de persil.
— aux ognons glacés.
— sauce tomate.
Noix de bœuf glacée.

Bœuf à la mode.
Langue de bœuf piquée
rôtie.

Grande cuisine.

Pièce de bœuf à l'éten-
dard.
— à la flamande.
— à la gendarme.
— à la maréchale.

Filet de bœuf à l'an-
glaise.
Pièce de bœuf à la chou-
croûte.

COCHON.

Cochon de lait à la
grecque.
Quartier de sanglier
mariné, sauce poi-
vrade

Jambon glacé.
— aux épinards.
— à la broche.

MOUTON.

Cuisine bourgeoise.

Gigot de mouton rôti.   Gigot braisé ou à l'eau.
Épigramme d'agneau.

Grande cuisine.

Selle de mouton des   Rosbif de présalé des
  Ardennes.   Ardennes.

VEAU.

Longe de veau à la   Noix de veau glacée.
  broche.   — dans son jus.
— à la bourgeoise.   Tête de veau au natu-
— à la Monglas.   rel.
Épaule glacée.   — en tortue.

VOLAILLE.

Cuisine bourgeoise.

Chapon au gros sel.   Dinde aux truffes.
— au riz.   — en daube.
Poule au riz.

Grande cuisine.

Dinde rôtie à la maqui- Poulardes à la Mont-
  gnon.   morenci.
— braisée à l'anglaise. — à la financière.
Canetons braisés aux   — à l'anglaise.
  choux.

PATISSERIE.

Pâtés froids et chauds. Petits pâtés aux huî-
                           tres.

POISSON.

Grande cuisine.

Saumon à la véni-   Turbot, sauce aux huî-
  tienne, au bleu.   tres, au bleu, à la
Esturgeon en tortue.   hollandaise.

Barbue au gratin, à la maître d'hôtel.

Alose à la purée de champignons, grillée à la purée d'oseille

Carpe farcie, au bleu, à la Chambord.

Truite, sauce matelote, au bleu, filets à la Villeroy.

Brochet à la régence, au bleu, à la Béchamel.

Barbeau au bleu, glacé à l'espagnole.

Brochet; saumon : à la broche.

Matelote à la marinière.

Anguille glacée à l'italienne, à la tartare.

Cabillaud à la crème.

Morue frite à l'anglaise.

HORS-D'OEUVRES FROIDS.

Huîtres.
— marinées.
Thon mariné.
Salade d'anchois.
Sardines.
Olives.
Saucissons.
Radis.
Raves.
Artichauts à la poivrade.

Melon.
Beurre frais.
— d'anchois.
Cornichons.
Petits ognons confits.
— au vinaigre.
Bigarreaux *id.*
Concombres en salade.

HORS-D'OEUVRES CHAUDS.

Petits pâtés.
Biftecks.
Pieds de cochon farcis.
— à la Ste.-Menehould.
Saucisses.
Boudin noir ou blanc.
Andouillettes.
Grillades.
Rissoles.

Rognons de veau.
Fraise de veau à la vinaigrette.
— frite.
Cervelles de veau frites.
Oreilles de veau à la vinaigrette.
Tête de veau frite.

Pieds de veau à la vi-
naigrette.
Pieds de veau farcis.
Filets de mouton en
marinade.
Rognons de mouton à
la brochette.
Queues de moutons
grillées.
— frites.
Pieds de mouton frits.
Lapereau à la tartare.
Croquettes de lape-
reau.
Pigeons frits.

— à la crapaudine,
sans sauce.
Cuisse d'oie à la tartare.
Anguille au soleil.
Vol-au-vent.
Œufs à la coque.
Omelettes.
Écrevisses.
Homards
Crabes.
Aubergines sur le gril.
— farcies.
Champignons en caisse
— sur le gril.

ENTRÉES DE PATISSERIE.

Cuisine bougeoise et grande cuisine.

Pâtés chauds ou vol-au-
vent.
— de mauviettes.
— à la Toulouse.
— à la Béchamel.
— de bonne morue.
— de cailles aux fines
herbes.
— à la Nesle.
— à l'allemande.
— à la ciboulette.
— de godiveau.

Pâtés à la financière.
— de lapereaux.
— à la reine.
— de laitances de car-
pes.
— de filets de soles
farcis.
— d'anguille à la pou-
lette.
— de légumes au ve-
louté.

BOEUF.

Cuisine bourgeoise.

Bœuf, sauce tomate.
— sauce piquante.

Bœuf, sauce Robert
— en blanquette.

Filet d'aloyau à la broche.
—— à la chicorée.
—— aux croûtons.
—— sauce tomate.
Bifteck aux fines herbes.
— aux pommes-de-terre.
— au beurre d'anchois.
— au beurre d'écrevisses.
— au cresson.
Côte à la flamande.
— en macédoine.
— à la choucroûte.
Entre-côte à la maître d'hôtel.

Bœuf à la mode.
Langue à l'écarlate.
— au gratin.
— rôtie.
Palais de bœuf à la ménagère.
— à la lyonnaise.
Queue panée.
— à la Saint-Lambert.
Cervelle en matelote.
— marinée.
Rognons au vin blanc.
Foie sur le gril.
— sauté.
Gras-double en fricassée de poulet.

Grande cuisine.

Filet de Bœuf au vin de Madère.
Côte de bœuf aux racines glacées.
Filet de bœuf à l'italienne.

Noix de bœuf au vin de Madère.
Émincé de filet de bœuf à la Clermont.

ENTRÉES DE VEAU.

Cuisine bourgeoise.

Carré aux fines herbes.
— à la bourgeoise.
Poitrine farcie.
— aux petits pois.
— à la poulette.
Tendons en matelote.
— à la poulette.

Côtelettes en papillotes.
— aux fines herbes.
— au naturel.
— panées.
Filets à la provençale.
Fricandeau.

Noix dans son jus.
— sauce tomate.
— à la purée de champignons.
— en escalopes.
Croquettes de veau.
Quasi aux ognons.
Épaule à la bourgeoise.
— glacée.
Foie à la bourgeoise.
— à la poêle.
— en bifteck.
— haché et farci.
Riz de veau en fricandeau.
— en fricassée de poulet.
— en caisse.

Mou au blanc.
— en matelote.
Cervelles en matelote.
— à la poulette.
— au beurre noir.
Queues à la rémolade.
— à la flamande.
Tête de veau entière en tortue.
Oreilles à la sauce piquante.
— à la purée de pois verts.
Langues à l'écarlate.
— aux fines herbes.
Pieds de veau à la poulette.

Grande cuisine.

Cervelle de veau à la mayonnaise.
Noisettes de veau glacées à la Soubise.
— aux laitues.
— à la chicorée.
Riz de veau à la Saint-Cloud.
Filets de veau piqués à la purée de céléri.
Côtelettes de veau à l'allemande.
— à la polonaise.

Noix de veau en damier, demi-glace.
— au beurre de Montpellier.
Blanquette de riz de veau aux concombres.
Oreilles de veau, au Madère.
— farcies à la Villeroy.
Tendons de veau à la milanaise.
Cervelle de veau au suprême.

ENTRÉES DE MOUTON.

Cuisine bourgeoise.

Gigot à l'eau.
— dans son jus.
Émincé aux cornichons.
Carré à la bourgeoise.
— aux légumes.
Poitrine sur le gril.
Côtelettes grillées panées.
— à la purée d'oseille.
— sautées à la poéle.
— aux légumes.
— aux champignons.
— sautées aux truffes.

Épaule roulée.
Haricot de mouton.
Rognons au vin.
Langues en papillotes.
— à la purée.
— à la Saint-Lambert.
Cervelles en matelote.
— à la poulette.
Queues braisées.
Pieds de mouton à la poulette.
— au fromage.

Grande cuisine.

Carbonades de mouton glacées, purée d'oseille.
Côtelettes de mouton à l'allemande.
— à la minute.
— à la Soubise.
— à la purée de pommes-de-terre.
Filets de mouton en chevreuil, sauce poivrade.

Langues de mouton à la bretonne.
— glacées aux laitues.
Escalopes de mouton à la mayonnaise.
Filets de mouton glacés aux concombres.
Hatelets de langues de moutons à la Villeroy.
Émincé de mouton à la Clermont.

AGNEAU.

Cuisine bourgeoise.

Quartier rôti.
Carré à la Périgord.

Filets à la Béchamel.
Issues au petit lard.

Grande cuisine.

Côtelettes d'agneau glacées aux pointes d'asperges.
— — à l'allemande.
Épigramme d'agneau à la Toulouse.
—— garnie de haricots verts.

Épigramme à la purée de champignons.
Galantine d'agneau à la gelée.
Blanquette de riz d'agneau en concombres.

ENTRÉES DE COCHON.

Côtelettes à la sauce Robert.
— à la sauce piquante.
— à la ravigote.
— à la sauce tomate.
Côtelettes sur une farce d'oseille.

Rognons au vin blanc.
Queues à la purée.
Jambon glacé.
Jambon rôti.

ENTRÉES DE GIBIER.

Cuisine bourgeoise.

Filets et côtelettes de sanglier.
— de chevreuil.
Civet de chevreuil.
Gigot de chevreuil.
Chevreuil en daube.
Civet de lièvre.
Lièvre au chaudron.
Pâté de lièvre.
Levraut sauté.
— à la Saint-Lambert.
Gibelotte de lapin.
Matelote de lapin.

Civet de lapin.
Lapereau sauté.
— au jambon.
— en papillote.
Salmis de perdreaux.
— de bécasses.
— de bécassines.
Perdreau à la crapaudine.
Chartreuse de perdreaux.
Perdreau au gratin.
Perdrix au choux.

Perdrix à la ménagère.
— à la catalane.
Pluviers grillés.
Cailles grillées.
— à l'étuvée.
Bécasses farcies.
Bécassines farcies.

Pigeons aux petits pois
— à la crapaudine.
— farcis et glacés.
— en compote.
— à l'étuvée.
Chartreuse de pigeons.
Canard en salmis.

Grande cuisine.

Quenelles de faisans au suprême.
Papillote de bécassines aux fines herbes.
Turban de filets de lapereaux piqués glacés.
Pigeons à la cuillère.
Cailles au vin de Champagne.
Pain de gibier à la royale.
Bécasses à la financière.
Perdreaux froids à la gelée.
Canards sauvages à la bourguignotte.

Salmis de faisans à la gelée.
Boudin de gibier à la Richelieu.
Hachis de gibier à la polonaise.
Sauté de lapereaux à la vénitienne.
Filets de canards sauvages à l'orange.
Faisan à la Périgueux.
Sauté de cailles aux truffes.
Filets de bartavelles sautés au suprême.

ENTRÉES DE VOLAILLE.

Cuisine bourgeoise.

Canard en salmis.
— aux pois.
— aux navets.
— aux olives.
— en daube.
— à la purée

Oie en salmis.
— en daube.
— à la sauce Robert.
Cuisses d'oie à la tartare.
— en mayonnaise.

Cuisses d'oie à la rémolade.
Blanquette de volaille.
Capilotade de volaille.
Marinade de volaille.
Mayonnaise de volaille.
Croquettes de volaille.
Fricassée de poulet.
Poulet au four.
— à la tartare.
— à la paysanne.
— à l'estragon
Matelote de poulet et d'anguille.
Poulet à la parole.
— farci.
— au beurre d'écrevisses.
— grillé dans son jus.
Poularde à la tartare.
— en matelote.
Cuisses de poularde au jambon.
Poulet truffé.
Poularde truffée.
— au gros sel.
Poule aux ognons.
Poule en daube.
Dinde en daube.
Dindon dans son jus.
Galantine de dindon.
Abatis de dindon aux navets.
— en fricassée de poulet.

Grande cuisine.

Sauté de volaille aux truffes.
Fricassée de poulets à la Villeroy.
Poulets dépecés, sauce tomate.
Salade de volaille à la sauce verte.
— à la provençale.
Ailerons de dindon glacés au céleri.
— à la purée de navets.
Poulets à la reine, à l'estragon.
Escalopes de poularde aux concombres.
Émincé de volaille au gratin.
Poularde glacée à la maquignon.
Canetons à la macédoine.
Boudins de volaille truffés.
Sauté de poularde à la provençale.
Épigramme de volaille à la chicorée.
Cuisses de volailles à la purée de champignons glacées.

Petits canetons à la
Toulouse.
Quenelles de volailles
en turban.

Poulets dépecés à la
vénitienne.
Ailerons de volaille en
karic.

ENTRÉES DE POISSON.

Cuisine bourgeoise.

Hachis de poisson.
Saumon sauce aux câ-
pres.
— à la maître d'hôtel.
— en mayonnaise.
Esturgeon en mayon-
naise.
Thon frais.
Turbot au bleu.
— au gratin.
Barbue au bleu.
— au gratin.
Raie à la sauce blanche.
— au beurre blanc.
— au beurre noir.
— à la maître d'hôtel.
Morue au blanc.
— à la Béchamel.
— à la maître d'hôtel
— au gratin.
— aux câpres.
— aux pommes-de-ter-
re ou hollandaise.
— à l'huile.
Cabillaud à la hollan-
daise.
Maquereau à la maître
d'hôtel.

Maquereau au beurre
noir.
— à l'huile.
— à la sauce tomate.
— à la tartare.
— en mayonnaise.
Hareng frais à la sauce
blanche.
— à la maître d'hôtel.
— à la moutarde.
— à la sauce tomate
— à la tartare.
— en mayonnaise.
Soles au gratin.
— à la maître d'hôtel.
— à la tartare.
— aux tomates.
Limandes et carlets au
gratin.
— à la maître d'hôtel.
— à la tartare.
— aux tomates.
Merlans au gratin.
— grillés.
— à la maître d'hôtel.
— aux câpres.
— à la tartare.
— aux tomates.

Rougets au gratin.
— en matelote.
— à la sauce blanche.
Alose à l'oseille.
Moules à la poulette.
— aux fines herbes.
Matelote à la marinière.
Matelote vierge.
Carpe grillée.
— à l'étuvée.
— au vin.
— à la Chambord.
— à la provençale.
Perche à la tartare.
Tanche aux fines herbes.
Truite à la génevoise.
Truite aux câpres.
— à la maître d'hôtel.

Brochet à la maître d'hôtel.
— aux câpres.
— à la flamande.
Anguille à la tartare.
— en matelote.
— à la poulette.
— marinée.
Lamproie en étuvée
— en matelote
Lotte en étuvée.
Grenouilles en fricassée de poulets.
— frites.
Escargots en fricassée de poulets.
— frits.
— dans leurs coquilles.

Grande cuisine.

Lamproie à la bourguignotte.
Boudins de carpe à la Soubise.
Darne de saumon à la vénitienne.
Papillotes de laitances à la Béchamel.
Sauté de poules d'eau aux truffes.
— de filets de sole à la royale.
Carpe à la polonaise.
Salade de homards à la provençale.

Attereaux de filets de merlans.
Côtelettes de lamproie aux champignons.
Anguille roulée glacée au four.
Darne d'esturgeon au beurre d'écrevisses.
Caisse de thon à la provençale.
Escalopes de truite aux fines herbes.
Blanquette de turbot à la Béchamel.
Brème à la maître d'hôtel.

Filets de sarcelles à la
　bigarade.
Émincé de turbotin
　gratiné.
Caisses d'huîtres aux
　fines herbes.

Éperlans à l'anglaise.
Sauté de filets de ma-
　quereaux.
— farcis.

ROTS.

Cuisine bourgeoise.

Aloyau.
Filet de bœuf.
Carré et rognon de
　veau.
Quasi de veau.
Foie de veau à la bro-
　che.
Gigot de mouton.
— en gasconnade.
Épaule de mouton lar-
　dée de persil.
Quartier d'agneau.
— de chevreau.
Cochon de lait.
Porc frais : échinée et
　filet.
Jambon à la broche.
Hure de cochon et de
　sanglier.
Gigot de chevreuil.
Lièvre.
Faisan.
Perdreaux.
Pluviers.
Vanneaux.
Gélinotes.

Ramiers.
Bécasses.
Bécassines.
Cailles.
Alouettes.
Grives.
Ortolans.
Guignards.
Becfigues.
Pigeons.
Canards.
Sarcelle.
Poule d'eau.
Oie.
Poulet.
Poularde.
Chapon.
Dindon.
Dindonneau.
Dinde truffée.
Galantine de volaille.
Saumon au bleu.
Truite au bleu.
Turbot au bleu.
Alose au bleu.
Sole frite.

Carpe frite.
Merlans frits.
Perche au bleu.
— frite.

Brochet au bleu.
— frit.
Anguille à la broche.
— frite.

Grande cuisine.

Perdreaux rouges, piqués et truffés.
Faisans garnis d'ortolans.
Chapons à l'anglaise.
Sarcelles à l'orange.
Becfigues bardés.
Oies sauvages.
Bartavelles bardées.
Pluviers dorés, bardés.

Grives et ortolans, bardés.
Merlans frits, panés à l'anglaise.
Poulets gras, bardés et truffés.
Coq de bruyère.
Pigeons ramiers, bardés.

ENTREMETS.

Salade de mâches.
— de laitue.
— de romaine.
— de chicorée frisée.
— de petite chicorée sauvage.

Salade d'escarolle.
— de barbe à capucin.
— de céleri.
— de raiponces.
— de pissenlit.
— de volaille.

ENTREMETS DE PATISSERIE ET PATÉS.

Macaroni.
— en timbale.
Pâtés froids.
Galette.
— de Lorraine.
Gâteau de Pithiviers.
Petits gâteaux grillés.
Petits choux.
Tourte aux confitures.
— aux pommes.
— aux prunes.

Tourte aux cerises.
— aux abricots.
— de frangipane.
Gâteaux glacés à la crème aux pistaches.
Petits nougats, à la parisienne.
Nougats aux avelines.
— aux pistaches.
Darioles soufflées au cacao.

Gauffres au raisin de Corinthe.
Tartelettes de framboises glacées.
Meringues garnies.
Biscuits à la crème.

Biscuits de **Savoie** à la fécule.
Madelaines au **rhum**.
Petits soufflés de fécule.
— de riz à la vanille.

ENTREMETS DE POISSONS [1].

Cuisine bourgeoise.

Soles frites.
Limandes *id*.
Merlans frits.
Rougets à l'huile.
Anchois frits.
Anguille frite.

Éperlans frits.
Brochet en salade.
Lamproies et lottes frites.
Écrevisses.
Grenouilles frites.

Grande cuisine.

Homards au madère.
Buisson de homards.

Crevettes en hérisson.
— moulées.

ENTREMETS DE LÉGUMES.

Cuisine bourgeoise.

Purée de pois.
— de fèves.
— de haricots.
— de lentilles.
— de céleri.
— de chicorée.
— d'ognons.
— de potiron.
Ragoût de champignons.

Ragoût de choux.
— de truffes.
Macédoine de légumes.
Petits pois à la crème.
—— à l'anglaise.
Fèves à la macédoine.
— à la bourgeoise.
— à la maître d'hôtel.
— à la poulette.

[1] Les différens poissons au bleu indiqués pour rôtis peuvent aussi être servis pour entremets

Haricots verts en mai-
gre.
—— en gras.
—— à la maître d'hô-
tel.
—— au beurre noir.
—— en salade.
Haricots blancs, à la
maître d'hôtel.
—— au gras.
—— au jus.
—— en salade.
— rouges à l'étuvée.
Lentilles au gras.
— au maigre.
— au lard.
— en salade.
Choux en ragoût.
— farcis.
— à l'allemande.
— de Bruxelles.
— à la crème.
Choux rouges.
Choux-fleurs à la sauce
blanche.
— à la sauce blonde
— à la crème.
— à la sauce tomate.
— au beurre blanc.
— frits.
— au fromage.
Artichauts à la sauce
blanche.
— à la sauce blonde.
— au gras.
Artichauts frits.

Artichauts en fricassée
de poulet.
— sautés.
— à la provençale.
— farcis.
— à la barigoule.
— à l'huile et à la poi-
vrade.
Chicorée blanche au
gras
—— au maigre.
Laitue au gras.
— au maigre.
— à la sauce blonde.
—— farcie.
—— en chicorée.
Romaine au gras
— au maigre.
— farcie.
Cardes aux gras.
— au maigre.
Cardons au gratin.
—— à la poulette.
— à la moelle.
Céleri en rémolade.
— au jus.
Purée ou farce d'oseille.
Épinards au gras.
— au maigre
Ognons à la crème.
— à l'étuvée.
Asperges à la sauce
blanche.
— à la sauce blonde.
— au gras.
— en petits pois.

Asperges à l'huile.
Concombres à la maître d'hôtel.
— à la poulette.
— farcies.
— au sucre.
Tomates farcies.
Potiron à la crème.
Purée de navets.
Navets à la moutarde.
— aux pommes-de-terre.
— au jus.
— à la poulette.
— glaces.
Carottes au gras.
— au maigre.
— à la poulette.
— aux fines herbes.
Betteraves.
Salsifis frits.
— à la sauce blanche.
— à la sauce blonde.
— au jus.
— à la poulette.
— en salade.

Patates.
Pommes-de-terre à la maître d'hôtel
— à l'anglaise.
— à la sauce blanche.
— à la sauce blonde.
— à la crème.
— au lard.
— à l'étuvée.
— à la lyonnaise.
— à la provençale.
— en purée.
— farcies
— en galette.
— en pyramide.
— frites.
— sautées au beurre.
— en salade.
Topinambours.
Truffes au naturel.
— au vin.
Champignons en fricassée de poulet.
Croûte aux champignons.

Grande cuisine.

Épinards à l'espagnole.

Champignons à la provençale.
Salsifis frits à la dauphine.
Carottes à la Béchamel
Cardes au parmesan.

Concombres à la poulette.
Choux-fleurs à la milanaise.
Céleri à l'essence.
Laitues farcies
Purée de haricots à la crème.

Salsifis à la mayon-
naise.
Pointes d'asperges au
velouté.
Fèves de marais au ve-
louté.
Choux glacés aux pis-
taches.

Artichauts à la mayon-
naise.
Tomates à l'italienne.
Laitues farcies à l'es-
sence de jambon.

ENTREMETS D'ŒUFS.

Cuisine bourgeoise.

Œufs ou miroir.
— aux pointes d'as-
perges.
— aux fines herbes.
— au verjus.
— aux petits pois.
— à la tripe.
— farcis.
— au beurre noir.

Omelette aux fines her-
bes
— au lard.
— aux rognons.
— au jambon.
— au fromage d'Italie.
— aux truffes.
— aux champignons.
— aux harengs saurs.
— aux croûtons.

Grande cuisine.

Timbale garnie d'œufs
aux huîtres.
— aux queues d'écre-
visses.
Œufs à l'aurore ; aux
concombres ; garnis
de croûtons.
— aux truffes.
Gratin d'œufs aux nouil-
les à la milanaise.
— d'œufs aux nouilles
au parmesan.
— frits à la Soubise.

Œufs à la vénitienne.
— farcis à la Périgueux.
— farcis à la dauphine.
— pochés à la purée de
marrons.
Omelette à la royale,
garnie de laitances
de carpe.
— de queues de cre-
vettes.
— d'huîtres.
— d'un hachis de pois-
son.

ENTREMETS SUCRÉS.

Cuisine bourgeoise.

OEufs aux macarons.
— à l'eau.
— au lait renversés.
— à la neige.
Omelette au sucre.
— aux confitures.
— soufflée.
Charlotte de pommes.
Pommes au beurre.
Beignets de pommes.
— d'abricots.
— de pêches.
— de bouillie.
— de riz.
Soufflé de riz.
— de pommes-de-terre.

Pets de nonne.
Soupe dorée.
Crêpes.
Croquettes de riz.
Tourte de frangipane.
— de fruits.
Gâteau de pommes-de-terre.
— de riz.
— d'amandes.
Crème au chocolat.
— à la vanille.
— au citron.
— au café.
— à la fleur d'orange.
— au thé.

Grande cuisine.

Gelée d'oranges moulée.
Crème française au thé.
Fromage bavarois aux framboises.
Choux à la mecque.
Génoise en diadème.
— glacée à la rose.
Puits d'amour glacés aux pistaches.
Charlotte à l'espagnole.
Fantaisies panachées au citron.

Beignets de crème à la parisienne.
—soufflés à l'allemande.
Gelée d'ananas.
Croque-en-bouche de quartiers d'orange.
— à la reine.
Petits soufflés de riz au cédrat.
Beignets de poires en quartier.
Crème au caramel, au bain-marie.
Gelée au marasquin.

Blanc-manger, au café Moka.

Fromage bavarois aux abricots.

DESSERT.

Crème fouettée.
Fromage fouetté à la crème.
Fromage à la crème.
Fromage glacé à la rose.
—— à la fleur d'orange.
—— à la vanille.
—— au citron.
—— à la pistache.
Brioches.
Gâteaux feuilletés.
Petits biscuits à la cuillère.
Biscuit à la crème.
— de Savoie.
— en caisse.
Gauffres.
Nougats.
Compote de pommes.
— de poires.
— de cerises.
— de coings.
— de prunes.
— d'abricots.
— de pêches.
— de raisin.
— de verjus.
— de groseilles blanches.
Compote de framboises.
— de marrons.
— d'oranges.

Salade d'oranges.
Gelée de pommes.
— de poires.
— de coings.
— de prunes.
— d'abricots.
— de pêches.
— de verjus.
— de groseilles rouges.
—— blanches.
— de framboises.
— de raisin.
— de raisiné.
Abricots en plein vent.
Abricots-pêches.
Pêches.
Prunes de monsieur.
— de Notre-Dame.
— de mirabelle.
— de reine Claude.
— de Sainte-Catherine.
Cerises de Montmorency.
Cerises anglaises.
Bigarreaux.
Pommes de calville.
— de reinette.
— d'apis.
Poire de Saint-Germain.
— de crézanne.

Poires de Martin-sec.
— de mouille-bouche.
— de beurré.
— de doyenné.
Raisin de Fontaine-
   bleau.
Chasselas.
Raisin de vignes.
Marrons.

Noix.
Fromage de Roquefort.
— de Sassenage.
— de Brie.
— de Gruyère.
— de Hollande.
— de Parmesan.
— du Mont-d'Or

CALENDRIER
NUTRITIF.

Nous avons réuni les produits divers de chaque mois de l'année dans ce Calendrier nutritif. Nous engageons le gastronome à le méditer souvent et même à l'apprendre par cœur; si nous n'avons fait qu'effleurer la matière, c'est qu'il faut bien laisser quelque chose à désirer à l'imagination du lecteur, qui aime toujours qu'on lui fasse sa part dans un ouvrage, et que, d'ailleurs, si nous avions prétendu donner un traité complet sur cette intéressante matière, il nous eût fallu faire choix d'un cadre plus étendu.

JANVIER.

Bœuf, veau, mouton; sanglier, chevreuil, lièvre, faisan, pluvier doré, vanneau, coq de bruyère, sarcelle, perdrix, oie sauvage, canard, bécasse, bartevelle, gelinotte, rouge-gorge, alouette.

Esturgeon, turbot, saumon, truite, raie, cabillaud, merlans, limandes, éperlans, crevettes, huîtres.

Choux-fleurs, cardons, céleri, épinards, salsifis, truffes, champignons.

FÉVRIER.

On trouve dans ce mois, de même que dans celui de janvier, bœuf, veau et mouton. La vallée est toujours approvisionnée de volailles grasses et gibier. Chez les fruitiers et verduriers à la halle, on vend les nouveautés ou légumes et fruits précoces, et ce qui a pu se conserver dans la serre ou que la terre a produit à l'aide de couches chaudes comme choux-fleurs, cardons, céleri, champignons, petite salade, raves, radis, asperges, truffes, etc., etc.

Le poisson de mer frais et sec; esturgeon, turbot, saumon, truite, raie, cabillaud, merlans, limandes, éperlans, crevettes, huîtres. Le poisson d'eau douce ne manque pas non plus, les marchés en sont très-bien fournis.

La carpe cesse d'être bonne parce qu'elle fraie, et qu'elle devient maigre et décharnée; il en est de même de la plupart des autres poissons d'eau douce.

MARS.

Comme mars vient toujours en carême, il y a beaucoup moins de viandes, de volailles et de gibier. Les gastronomes pourront cependant s'en procurer encore assez aisément.

La barbue, le barbot, les soles, les carlets, les vives, les homards, le brochet, la carpe, l'ombre, l'anguille, la perche, la lotte, le goujon, l'écrevisse, la brême, abondent.

AVRIL.

Les boucheries sont garnies de bœuf, veau et mouton. A la vallée on trouve poulardes, chapons, poulets gras, pigeons nouveaux, levrauts, lapereaux, perdrix, perdreaux, mauviettes, vanneaux, faisans, agneaux, cochons de lait, etc.

Les poissons de mer frais à l'ordinaire; ainsi que le maquereau et l'alose.

MAI.

Les grosses viandes.

La volaille est moins abondante. Il y a

peu ou moins de perdrix parce qu'elles couvent. On trouve des bécasses et le râle du genêt. Le pigeon donne aussi en quantité suffisante. En poisson de mer : maquereaux et aloses. Toutes sortes de verdure ; concombres, petits pois, fraises des bois.

JUIN.

Bœuf, veau, mouton.

Dindonneau, coq vierge, chapon, poularde, pigeon, morue fraîche, raie, truite, artichauts, petits pois, haricots verts, concombres, fèves de marais, choux-fleurs, melons, fruits rouges.

JUILLET.

Bœuf, veau, mouton.

Poulet gras, pigeon, lapereaux, levrauts, dindonneaux, cailles.

La marée abondante en raie, moules, maquereaux, soles, saumons, limandes.

Légumes de toutes espèces. Haricots blancs, haricots verts, concombres, petits pois, artichauts. Melons, cerneaux, abricots, prunes.

AOUT.

Bœuf, veau, mouton.

Marcassin, cochon de lait, perdreaux, cailles grasses.

Les légumes du mois précédent ; melons, pêches, figues, amandes, mûres.

SEPTEMBRE.

La viande de boucherie ordinaire. Poulardes, chapons, poulets gras, levrauts, lapereaux de garenne, pigeons, canetons, perdreaux, cailles, bécassines, grives.

Huîtres vertes d'Ostende [1].

Raie, merlans, saumon, esturgeon, carrelets, éperlans, turbots, homards, crevettes, sardines fraîches, anchois, thon. Céleri, cardons, artichauts, truffes de Périgord. Pêches, poires, chasselas, noix, marrons.

OCTOBRE.

Bœuf, veau, mouton de présalé.

Poulardes, chapons, poulets gras, dindons, levrauts, lapereaux de garenne, pigeons, canetons, perdreaux gris et rou-

---

[1] Voyez le *Manuel de l'amateur d'huîtres*, 1 vol in-18. Prix : 2 fr. Chez Audot, éditeur, rue des Maçons-Sorbonne, n°. 11

7

ges, cailles, becfigues, mauviettes, rouge-
gorge, faisan, bécasse, outarde.

Marée en abondance ; harengs frais ;
poisson d'eau douce ; la carpe commence à
être bonne. Brochets, anguilles, écrevisses.

Céleri, cardons, artichauts, concombres,
épinards, pois tardifs.

Poires, pommes, raisin de vigne, figues.

NOVEMBRE.

Bœuf, veau, mouton.

Poulardes, chapons, poulets gras, dindons, lièvres, lapins de garenne, oies grasses, canetons, canards sauvages, pigeons,
mauviettes, perdrix.

Raie, limandes, soles, harengs frais,
esturgeons, saumons, rougets, vives, petits maquereaux, merlans, moules, huîtres.

Légumes ; encore des épinards, de la chicorée, du céleri, des laitues, artichauts,
cardons d'Espagne, truffes.

Poires, pommes, oranges, grenades,
marrons.

DÉCEMBRE.

La viande de boucherie ordinaire.

Poulardes , chapons , dindons , poulets , pigeons , levrauts , lapereaux de garenne , perdrix , mauviettes, faisans, pigeon ramier, pluvier doré , vanneaux.

Raie , merlans , éperlans , limandes, carrelets , moules , saumon , harengs , turbot , cabillaud , esturgeon , soles , vives , truites , brochets , carpes , anguilles , tanches , etc. Huîtres.

Les serres chaudes procurent les légumes que la nature ne peut donner en pleine terre.

Les oranges arrivent dans ce mois ainsi que tous les fruits secs , de France et d'Espagne.

MENUS

DES

QUATRE SAISONS.

JANVIER.

Menu de 15 à 18 couverts [1].

Deux potages.

Potage de santé.
Pâtes d'Italie au consommé.

Deux relevés de poissons.

Morue à la maître d'hôtel
Brochets à la régence.

Deux grosses pièces.

Poularde à l'indienne.
Quartier de chevreuil mariné.

[1] Voir pour les *hors-d'œuvres* chauds et froids, pages 54 et 55.

Quatre entrées.

Ris de veau glacés, purée de champignons.

Sauté de volaille aux truffes.

Salmis de perdreaux.

Paté chaud à la financière.

Deux plats de rôts.

Bécasses bardées.

Poulets à la reine.

Quatre entremets.

Truffes au vin de Champagne.

Gâteaux de Pithiviers glacés.

Choux de Bruxelles à l'espagnole.

OEufs à l'aurore.

Dessert.

1 dormant.

2 assiettes montées, garnies de bonbons.

2 tambours en petit four et assortis.

Quatre compotes.

1 de pommes reinettes avec gelée.

1 de marrons.

1 de poires.

1 d'oranges.

Quatre assiettes, fruits crus, etc.

1 de poires.
1 de pommes de Calville.
1 d'oranges.
1 de raisins secs.
2 de fromage.
2 sucriers.

———

Menu de 36 à 40 couverts.

Deux potages.

Riz à la Créci.
Potage de laitue au consommé.

Deux relevés de potage.

Carpe à la Chambord.
Poulardes à la Montmorenci.

Deux grosses pièces pour les bouts.

Jambon glacé aux épinards.
Rosbif d'aloyau à l'anglaise.

Seize entrées.

Fritots de poulets à la Marengo.
Petits patés farcis.
Filets de truites sautés aux fines herbes.
Cailles au gratin garnies de croûtons farcis.

Mayonnaise de volaille à la gelée.
Aspic de cervelle de veau.
Paté chaud de pigeons.
Petites croustades à la Béchamel.

Noix de veau glacée à la surprise.
Petits canetons à la purée.
Filets de brochet à la provençale.
Chapon au gros sel.

Salmis de perdreaux au vin de Bor-
deaux.
Sauté de bécasses.
Croquettes à la Béchamel.
Boudins de volaille à la Richelieu.

*Quatre grosses pièces d'entremets pour
les contre-flancs.*

Buisson de grosses écrevisses.
Meringues.
Croque-en-bouche glacé aux pistaches.
Croûte aux champignons.

Seize entremets.

Haricots verts à l'anglaise.
Blanc-manger renversé.

Gelée de marasquin fouetté.
Pieds de céleri.

Pains à la duchesse.
Gâteaux d'abricots.
Concombres en cardes.
Choux de Bruxelles à l'anglaise.

Pommes-de-terre à la bretonne.
Concombres farcis.
Fonds d'artichauts à la Béchamel.
Gelée de café à l'eau.

Cardes à la moelle.
Charlotte de pommes glacées.
Pommes glacées au riz.
OEufs pochés à la purée de céleri.

Dessert.

1 dormant.

4 assiettes montées, garnies en fruits secs, bonbons et caramel.

Six assiettes de four.

2 de meringues.
2 de biscuits à la cuillère et macarons.
1 de biscuits aux pistaches.
1 de biscuits au chocolat.

Huit compotes.

2 de pommes blanches avec une gelée.

2 de poires, une de bon-chrétien, une de Martin-sec.

1 d'oranges avec une gelée.

1 de pommes d'api glacées.

1 d'abricots à l'eau-de-vie.

1 de prunes de reine-Claude à l'eau-de-vie.

Huit assiettes de cru, etc.

2 de poires Saint-Germain et Cresanne.

2 de pommes d'api.

2 d'oranges.

2 de raisin.

2 de fromage de Roquefort et Gruyère.

2 de marrons sous la serviette.

4 sucriers.

Menu de 60 couverts.

Six potages.

Potage à la tortue.

Potage au riz, à la purée de navets.

Potage à la Faubonne.

Garbure aux choux.

Potage au sagou.

Potage à la purée de haricots rouges.

Deux bouts de table.

Aloyau rôti.

Jambon à la broche.

Six relevés de potage.

Une terrine de queues de moutons à la provençale.

Canards aux navets.

Tête de veau farcie.

Perdrix aux choux.

Carpe à la Chambord.

Turbot sauce aux huîtres.

Trente-deux entrées.

Poularde aux truffes.

Caisse de foies gras.

Sauté de saumon.

Tendons de veau à la gelée.

Membres de lapereaux en papillottes.

Poulet en demi-deuil.

Fritot de volaille.

Pigeons innocens.

Aspic de volaille.

Filets de soles gratinés.

Mauviettes sautées aux truffes.
Galantine d'anguille.
Vols-au-vent à la financière.
Petits pâtés à la ciboulette.
Noisettes de veau à la chicorée.
Paté chaud de cailles au fumet.

Anguille à la broche sauce tomate.
Faisan à la Périgueux.
Canards sauvages à la bourguignote.
Emincé de chevreuil à l'espagnole.
Ailerons de dindon à la purée de navets.
Poulets dépécés à la vénitienne.
Petits vols-au-vent à la Béchamel.
Filets de sole en mayonnaise.

Riz de veau piqués et glacés au céleri.
Côtelettes d'agneau glacées aux con-
combres.
Foies gras à la Périgord.
Hachis de volaille à l'italienne.
Sauté de bécasses aux truffes.
Petits canetons à la purée de champi-
gnons.
Boudins de poisson au beurre d'écre-
visses.
Truffes en surprise à la purée de gibier.

Quatre grosses pièces.

Pâté de poularde aux truffes.
Biscuit au marasquin.
Croque-en-bouche aux pistaches.
Oie braisée aux racines.

Huit plats de rôts.

Bécasses.
Perdreaux rouges.
Brochet au bleu.
Poulets gras truffés.
Bartavelles.
Pigeons de volière.
Poularde du Mans truffée.
Merlans frits panés à l'anglaise.

Trente-deux entremets.

Épinards aux croûtons.
Choux-fleurs au beurre de Montpellier.
Chicorée à la crème.
Salsifis frits.
OEufs pochés sauce tomate.
Gelée au vin de Malaga.
Gelée au rum.
Cardes à la Béchamel.

Navets au sucre.
Crème au chocolat.
Crème à la vanille.
Truffes au vin de Champagne.
Pommes-de-terre à l'italienne.
Gelée au marasquin.
Soufflé de fécule.
Crème aux pistaches.

Crème à la fleur d'orange.
Petites tartelettes à la marmelade d'abricots.
Beignets glacés.
Gelée d'orange renversée.
Gâteaux d'amandes.
Crème frite.
Petits choux de Bruxelles au beurre.
OEufs à l'aurore.

Laitues au jus.
Céleri à l'essence.
Gelée de crème de menthe.
Salsifis au beurre.
Purée de haricots à la crème.
Gauffres au gros sucre.
Madelaines au cédrat.
Meringues à l'orange.

Dessert.

Un dormant.

Huit assiettes montées garnies de bonbons.

Douze assiettes petit four.

4 de biscuits légers.

4 de macarons mêlés.

4 de meringues aux confitures.

Huit de compotes.

2 de pruneaux.

2 de poires.

2 de pommes.

2 de marmelade d'abricots.

Quatorze assiettes de fruits crus et secs.

2 de pommes d'api.

2 de pommes de Calville.

2 de poires de Cresanne.

2 de pommes de reinette.

2 de beurré gris.

2 de mendians.

2 d'oranges.

6 assiettes de fromage.

4 sucriers.

FÉVRIER.

Menu de 10 à 12 couverts.

Un potage.

Potage au consommé.

Deux grosses pièces.

Bœuf garni d'ognons glacés.
Longe de veau mariné au chevreuil.

Quatre entrées.

Oreilles de veau en tortue.
Cailles au gratin.
Poularde à l'estragon.
Cabillaud à la Béchamel.

Deux plats de rôts.

Perdreaux bardés.
Soles frites à l'anglaise.

Quatre entremets.

Truffes sautées à l'italienne.
OEufs pochés à la purée d'oseille.
Charlotte à la française.
Gelée de punch.

Dessert.

1 assiette montée pour le milieu, garnie de bonbons.

2 assiettes montées, garnies de fruits secs et bonbons.

Deux compotes.

1 de marrons à l'italienne.
1 de poires de Martin-sec.

Deux assiettes de cru, etc.

1 de pommes de reinette.
1 d'oranges.
1 de fromage de Roquefort.
1 sucrier.

MARS.

Menu de 6 à 8 couverts, en maigre.

—————

Un potage.

Vermicelle à l'essence d'anis.

Un relevé de poisson.

Croquettes de poissons aux champignons.

Une grosse pièce.

Saumon à la royale.

Deux entrées.

Quenelles de merlans à la Béchamel.
Pâté chaud d'anguilles.

Un plat de rôt.

Soles frites à l'anglaise.

Deux entremets.

Choux-fleurs au parmesan.
Truffes à la serviette.

Dessert.

Une grande assiette montée pour le milieu , garnie de bonbons et caramel.

Deux compotes.

Compote d'oranges.
Compote d'abricots à l'eau-de-vie.

Deux assiettes de cru , etc.

1 de pommes de Calville.
1 d'oranges.
1 de fromage de Gruyère.
1 sucrier.

AVRIL.

Menu de 12 à 15 couverts.

———

Deux potages.

Potage printanier.
Potage de santé au consommé.

Deux grosses pièces.

Selle d'agneau à l'anglaise.
Pièce de bœuf garnie.

Quatre entrées.

Boudins de gibier.
Sauté de filets de saumon à la Péri-
gueux.
Pâté chaud à la financière.
Ailerons de dindons à la purée de na-
vets.

Deux plats de rôts.

Poulets nouveaux au cresson.
Lapereaux de garenne.

Quatre entremets.

Champignons à la provençale.
Cardes à la moelle.

Gâteaux glacés.
Soufflé au chocolat.

Dessert.

1 assiette montée pour le milieu , garnie de bonbons.

Quatre compotes.

1 de pommes avec une gelée.
1 de poires de Martin-sec.
1 d'oranges.
1 de fruits à l'eau-de-vie.

Quatre assiettes de fruits crus, etc.

2 de poires.
2 de pommes.
2 assiettes de fromage.
2 sucriers.

———

Menu de 36 à 40 couverts.

Deux potages.

Potage de riz à la purée de navets.
Potage de céleri au consommé.

Deux relevés de potages.

Cochon de lait.
Brochet.

Deux grosses pièces pour les bouts.

Oie braisée aux racines et marrons.
Quartier de chevreuil mariné.

Seize entrées.

Oreilles de veau en tortue.
Filets de merlan à la royale.
Fricassée de poulets.
Boudins de gibier.

Salmis de perdreaux à la gelée.
Cervelle de veau à la ravigote.
Petits vols-au-vent à la Béchamel.
Sauté de Poulardes aux truffes.

Filets de sarcelles à l'orange.
Petits pâtés farcis.
Tendons de veau à la milanaise.
Filets de soles à la provençale.

Ailerons de dindons à la purée de marrons.
Poulets à la Montmorenci.
Filet de bœuf au vin de Madère.
Oreilles d'agneau à la poulette.

Quatre grosses pièces d'entremets

Dinde en galantine à la gelée.

BRÉVIAIRE.   9

Jambon glacé à la gelée.
Nougat d'avelines.
Croquante de pâte d'amandes.

Quatre plats de rôts.

Poulets à la reine.
Chapon au cresson.
Vanneaux bardés.
Levrauts piqués.

Seize entremets.

Croûte aux champignons.
Gelée de marasquin.
Truffes à l'eau de sel.
Macaroni à l'italienne.

OEufs brouillés aux champignons.
Beignets de pommes glacés.
Petits gâteaux glacés.
Concombres au velouté.

Gelée de crème de Moka.
Pommes-de-terre à la lyonnaise.
Laitues braisées à l'essence de jambon.
Petits soufflés à l'orange.

Céleri à l'espagnole.
Épinards à l'anglaise.

Gâteau de riz au raisin de Corinthe.
Gelée de vin de Madère sec.

Dessert.

1 dormant.

Quatre assiettes montées.

2 garnies en fruits secs.
2 de bonbons et caramel.

Huit assiettes de four.

2 de meringues à la crème.
2 de biscuits à la vanille.
2 de biscuits à la cuillère.
2 de macarons.

Huit compotes.

2 de pommes blanches avec gelée.
2 de poires glacées.
2 de fromage à la crème.
2 d'oranges avec gelée.

Huit assiettes de cru, etc.

2 de pommes d'api.
2 d'ananas.
2 de pommes de reinette.
2 d'oranges.
2 de fromages.
2 sucriers.

MAI.

Menu de 6 à 8 couverts.

———

Un potage.

Potage à la jardinière.

Une grosse pièce.

Noix de bœuf à la Godard.

Deux entrées.

Poularde à l'anglaise.
Cervelle de veau au suprême.

Un plat de rôt.

Cailles bardées.

Deux entremets.

Petits pois au sucre.
Champignons grillés demi-glace.

Dessert.

1 assiette montée garnie de fruits secs et bonbons.

Deux assiettes de four.

1 de biscuits au chocolat.
1 de macarons.

Deux compotes.

1 compote de pommes.
1 marmelade d'abricots.

Deux assiettes de cru, etc.

1 de pommes d'api.
1 de poires Saint-Germain.
1 de fromage de Gruyère.
1 sucrier.

JUIN.

Menu de 10 à 12 couverts.

Deux potages.

Potage de purée de pois aux petits croûtons.
Potage à la reine.

Deux relevés de poisson.

Matelote au vin de Bordeaux.
Filets de turbot farcis.

Deux grosses pièces.

Poularde à la jardinière.
Alose grillée à la purée de pois

Quatre entrées.

Croquettes de gibier à l'allemande.
Filet de bœuf au vin de Madère.
Fritot de poulet.
Langues d'agneaux à la mayonnaise.

Deux plats de rôts.

Pigeons bardés.
Dindonneau au cresson.

Deux relevés de plats de rôts.

Gâteau de cerises.
Flan à la vanille.

Quatre entremets.

Asperges à la sauce.
Gelée de rum.
Petits pois au sucre.
Gâteau de riz.

Dessert.

1 assiette montée pour le milieu, garnie de bonbons.

Deux assiettes de four.

1 de meringues à l'italienne.
1 de biscuits aux pistaches.

Deux compotes.

1 de cerises.
1 de fromage à la crème.

Deux fruits crus, etc.

1 de cerises.
1 de bigarreaux.
1 assiette de fromage.
1 sucrier.

JUILLET.

Menu de 6 à 8 couverts.

Un potage.

Potage à la purée de pois et aux petits croûtons.

Une grosse pièce.

Un quartier de mouton à l'anglaise.

Deux entrées.

Poulets dépecés à la provençale.
Oreilles de veau à la ravigote.

Un plat de rôti.

Canetons de ferme.

Deux entremets.

Concombres à la Béchamel.
Artichauts à la provençale.

Dessert.

1 assiette montée pour le milieu, garnie
de bonbons.

Deux assiettes de four.

1 assiette de macarons.
1 assiette de biscuits à la crème.

Deux assiettes de compote.

1 d'abricots verts.
1 de framboises avec gelée.

Deux de fruits crus, etc.

1 de groseilles.
1 de fraises.
1 de fromage de Roquefort.
1 sucrier.

Menu de 25 à 30 couverts.

Deux potages.

Potage à la jardinière.
Pâtes d'Italie au consommé.

Deux relevés de potage.

Turbot à la hollandaise.
Carpe frite à l'allemande.

Deux grosses pièces.

Poulets gras à la crème.
Quartier de chevreuil mariné, poivrade.

Douze entrées.

Chapon au gros sel.
Côtelettes de mouton aux champignons.
Ailerons de dindon à la chicorée.
Aspic de cervelle à la ravigote.

Pigeons à la cuillère.
Filet de bœuf au vin de Madère.
Tourte de godiveau à la ciboulette.
Boudins à la Richelieu.

Épigramme d'agneau à la chicorée.
Pigeons en homard.
Poulets à l'estragon.
Vols-au-vent à la Nesle.

Quatre grosses pièces d'entremets.

Gâteau au vermicelle soufflé.
Soufflé à la milanaise.

Nougat à la française.
Brioche en caisse.

Quatre plats de rôts.

Pigeons bardés.
Soles frites.
Brochet au bleu.
Poularde au cresson.

Douze entremets.

Gaufres au raisin de Corinthe.
Haricots nouveaux à la crème.
Gelée d'abricots renversée.
Crème française à la cannelle.

Artichauts à l'estouffade.
Asperges à la sauce.
Panachés en croissant.
Concombres à la Béchamel.

Blanc-manger à la crème.
Gelée de marasquin.
Laitues au consommé.
Bouchées d'abricots glacés.

Dessert.

1 dormant.
4 assiettes montées garnies de bonbons
et conserves.

Six assiettes petit four.

2 de biscuits légers.
2 de macarons mêlés.
2 de meringues aux confitures.

Six compotes.

2 d'abricots avec gelée.
2 de fromages à la crème.
2 d'abricots verts.

Six assiettes de fruits crus, etc.

1 de grosses cerises.
1 de bigarreaux.
1 de poires d'été.
2 de fraises.
1 de groseilles au sucre.
2 assiettes de fromage.
2 sucriers.

Menu de 60 couverts.

Six potages.

Potage de graines de melon à la purée de navets.

Potage de purée de lentilles à la reine

Potage de sagou au consommé.

Potage à la Faubonne.
Potage de laitues.
Potage au vermicelle parmesan.

Six relevés de potage.

Pièce de bœuf à la Godard.
Rosbif de mouton de présalé.
Turbot.
Barbillon à l'allemande.
Cabillaud à la crème.
Aloses à la purée de champignons.

Deux bouts ds table.

Tête de veau à la tortue.
Longe de veau à la crème.

Trente-deux entrées.

Poularde en demi-deuil.
Croquettes de volaille.
Une épigramme d'agneau à la chicorée.
Escalopes de riz de veau sauce tomate.
Pâté chaud de quenelles de gibier.
Poulets dépecés à la vénitienne.
Pigeons de volière en compote.
Côtelettes de veau à la singara.

Mayonnaise de volaille.
Cailles en caisse.

Sauté de volaille au velouté.
Vol-au-vent de morue à la crème.
Émincé de gibier au fumet.
Tendons de veau aux pointes d'as-
perges.
Anguille à l'anglaise.
Sauté de levrauts au sang.

Sauté de saumon à l'italienne.
Boudins de carpe à la Richelieu.
Petites bouchées de foie gras.
Fricassée de poulets aux champignons.
Poularde à la maquignon.
Petits pâtés à la financière.
Croquettes de riz à la russe.
Filets de canetons en salmis.

Filets de chevreuil marinés glacés.
Cervelles de veau en marinade.
Petits pâtés à la Toulouse.
Aspic garni de crêtes et rognons.
Filets de soles à la royale.
Côtelettes de perdreaux à la maréchale.
Darne d'esturgeon au beurre de Mont-
pellier.
Hachis de gibier garni d'œufs pochés.

Deux bouts de table.

Un nougat monté.
Croque-en-bouche à la reine.

Huit grosses pièces.

Buisson d'écrevisses.
Buisson de homards.
Timbale de macaroni.
Gâteau de Compiègne.
Truite au bleu.
Flan au chocolat.
Jambon glacé.
Soufflé à la milanaise.

Douze plats de rôts.

Poulets à la reine.
Lapereaux de garenne.
Poularde bardée.
Grives.
Soles.
Goujons de Seine.
Perdreaux.
Cailles.
Dindon gras.
Becfigues.
Éperlans.
Vanneaux bardés.

Vingt-quatre entremets.

Asperges à la sauce blanche.
Petits pois au sucre.
Choux-fleurs au beurre.
Épinards en croustade.
OEufs frits.
Croûte aux champignons.
Sauté de truffes au vin de Champagne.
Meringues à la crème.

Choux grillés pralinés.
Gelée au vin muscat.
Gelée d'oranges renversée.
Haricots verts à l'anglaise.
Haricots blancs à la crème.
Artichauts à la barigoule.
Chicorée aux croûtons.
OEufs pochés à l'essence de gibier.

Petits gâteaux à la crème.
Gelée au vin de Rota.
Gelée au marasquin.
Crème à la vanille.
Crème au café brûlé.
Concombres au velouté,
Tomates aux fines herbes.
Fèves de marais à la crème.

Dessert.

Un dormant.

Huit assiettes montées garnies de bon-bons.

Douze assiettes petit four.

4 de biscuits légers.

4 de macarons mêlés.

4 de meringues aux confitures.

Huit compotes.

2 d'abricots.

2 de prunes de reine-Claude.

2 d'abricots verts.

2 de fromage à la crème.

Seize assiettes de fruits crus, etc.

2 de cerises anglaises.

2 de bigarreaux.

2 de poires d'été.

2 de fraises.

2 de framboises.

2 d'abricots.

2 de prunes de reine-Claude.

2 de prunes de monsieur.

6 assiettes de fromage.

4 sucriers.

AOUT.

Menu de 6 à 9 couverts.

Un potage.

Potage printanier.

Une grosse pièce.

Longe de veau à la crème.

Deux entrées.

Morue à la Béchamel.
Poulets à a reine.

Un plat de rôt.

Canetons de Rouen.

Deux entremets.

Épinards au jus.
Pommes-de-terre à la maître-d'hôtel.

Dessert.

1 assiette montée garnie de bonbons et
pâtes sèches pour le milieu.

Deux assiettes de four.

1 de biscuits au chocolat.
1 de macarons.

Deux compotes.

1 d'abricots.
1 de prunes de reine-Claude.

Deux fruits crus, etc.

1 de pêches.
1 de poires d'été.
1 assiette de fromage.
1 sucrier.

SEPTEMBRE.

Menu de 6 à 10 couverts.

———

Un potage.

Consommé.

Une grosse pièce.

Une pièce de bœuf aux choux braisée.

Deux entrées.

Fricassée de poulets.
Cabillaud à la maître-d'hôtel.

Un plat de rôt.

Perdreaux lardés.

Quatre entremets.

Soufflé de fécule.

Haricots blancs à l'anglaise.
Salade de volaille aux laitues.
Gelée au rum.

Dessert.

1 assiette montée garnie de bonbons pour le milieu.

Deux assiettes de four.

1 de meringues.
1 de biscuits à la cuillère.

Deux assiettes de compotes.

1 fromage à la crème.
1 d'abricots.

Deux fruits crus, etc.

1 de pêches.
1 de chasselas.
1 assiette de fromage.
1 sucrier.

OCTOBRE.

Menu de 6 à 10 couverts.

Un potage.
Vermicelle à la purée de pois.

Une grosse pièce.
Truite au bleu.

Deux entrées.

Quenelles de volaille au consommé.
Filet de bœuf à la broche.

Un plat de rôt.

Un levraut bardé.

Deux entremets.

Concombres farcis.
Cardes au parmesan.
Gelée à l'anisette de Bordeaux.
Beignets de pêches.

Dessert.

Une assiette montée pour le milieu.

Deux assiettes de four.

1 de macarons.
1 de biscuits en caisse.

Deux assiettes de compotes.

1 de pêches.
1 d'abricots.

Deux assiettes de fruits crus, etc.

1 asiette de poires.
1 assiette de chasselas.
1 assiette de fromage.
1 sucrier.

Menu de 3o à 36 couverts.

Deux potages.

Potage au riz.
Purée de haricots rouges.

Deux relevés de potage.

Dinde à la financière.
Vol-au-vent à la Béchamel.

Deux grosses pièces.

Quartier de chevreuil mariné.
Pièce de bœuf garnie d'ognons glacés.

Douze entrées.

Fritots de poulets.
Noisette de veau glacée.
Salmis de perdreaux.
Filets de levrauts sautés.

Cailles au gratin.
Poulets sautés aux fines herbes.
Pigeons glacés aux concombres.
Langues de mouton à la provençale.

Côtelettes de veau en papillote.
Caisses de foie gras.
Ris de veau glacés à la purée d'oseille.
Filets de merlans à la Orly.

Quatre plats de rôts.

Dindonneau au cresson.
Un levraut bardé.
Faisan piqué.
Coq vierge.

Douze entremets.

Croûte aux champignons.
Gelée d'épine-vinette.
Artichauts à la barigoule.
Haricots blancs à la maître-d'hôtel.

Épinards à la crème.
Navets au sucre.
Soufflé de riz au citron.
Aubergines à la provençale.

Choux-fleurs au parmesan.
Gelée de kirschwasser.
Buisson d'écrevisses.
Beignets de pommes glacés.

Dessert.

1 dormant.

Quatre assiettes montées.

2 de confitures sèches.
2 de bonbons.

Quatre assiettes de four.

2 de biscuits légers en caisse.
2 de macarons.

Six assiettes de fruits crus.

2 de poires.
2 d'oranges.
2 de raisin.

Six compotes.

1 de pommes avec gelée.
1 de poires de Martin-sec.
1 d'oranges.
1 de marrons glacés.
2 de fromage à la crème.
2 sucriers.
2 assiettes de fromage.

NOVEMBRE.

Menu de 10 à 12 couverts.

Un potage.

Potage aux laitues.

Un relevé de poisson.

Tronçons d'anguille à la tartare.

Deux grosses pièces.

Filet de bœuf garni de pommes-de-terre.
Poularde à la Périgord.

Quatre entrées.

Sauté de sarcelles aux truffes.
Côtelettes de veau farcies.
Filets de soles au gratin.
Oreilles de veau à la tortue.

Deux plats de rôts.

Un coq de bruyère.
Bécasses bardées.

Deux relevés de rôts.

Charlotte de pommes aux confitures.
Nougat aux pistaches.

Quatre entremets.

Épinards à l'anglaise.
Pommes-de-terre frites.
Concombres au velouté.
Crème au caramel.

Dessert.

Une assiette montée pour le milieu.

Deux assiettes de four.

1 de biscuits à la cuillère.
1 de meringues à la fleur d'orange.

Deux compotes.

1 de pommes glacées.
1 de poires de Martin-sec.

Deux fruits crus, etc.

1 d'oranges.
1 de chasselas.
1 assiette de fromage.
1 sucrier.

DÉCEMBRE.

Menu de 6 à 10 couverts.

Un potage.

Potage au céleri consommé.

Une grosse pièce.

Tête de veau à la tortue.

Deux entrées.

Ailerons de dindons à la purée.
Filet de bœuf au vin de Madère.

Un plat de rôt.

Grives et mauviettes bardées.

Deux entremets bardés.

Choux-fleurs au beurre.
Omelette soufflée.

Dessert.

1 assiette montée.

Deux assiettes de four.

1 de meringues à la crème.
1 de macarons.

Deux compotes.

1 de pommes glacées.
1 de fruits à l'eau-de-vie.

Fruits crus, etc.

1 assiette de pommes d'api.
1 d'oranges.
1 assiette de fromage.
1 sucrier.

CONCLUSION.

Arrêtons-nous, et bornons ici notre course.

Notre gastronome sait maintenant tout ce qu'il vaut. Il a des notions suffisantes sur la cuisine des anciens et des modernes ; il connaît les produits divers de chaque mois de l'année; aucun des instrumens de cuisine ne lui est inconnu. Ne craignez plus qu'il laisse amasser un vert-de-gris meurtrier sur leurs parois; il ne contreviendra donc pas au précepte du Décalogue :

Homicide point ne seras.

Si la Providence lui fit trouver un bon cuisinier, il sait, grâce à nous, apprécier un semblable trésor; si le sort le fit riche, il pourra recevoir de nombreux amis à sa table, et saura comment il doit les traiter dans toutes les saisons. Nous lui appren-

drons un jour l'art si difficile de faire di-
gnement les honneurs du festin [1]. Nous
l'avons trouvé dans *sa cuisine* ; nous l'ac-
compagnerons dans sa *salle à manger*.

[1] *L'Amphitryon à table* ou *l'Art de découper
les viandes, volailles*, etc., *de servir les convives*, etc., etc.; précédé de Considérations sur les
repas des Anciens et des modernes. 1 vol. in-18.

FIN.

TABLE.

FIN DE LA TABLE.

www.ingramcontent.com/pod-product-compliance
Lightning Source LLC
LaVergne TN
LVHW050833200726
843507LV00001B/283